JN412095

찻잎의 천변만화 변신마법

찻잎의 천변만화 변신마법

千變萬化的茶叶魔法術

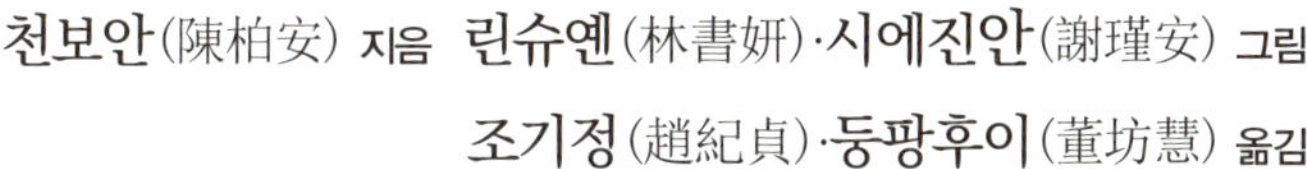

천보안(陳柏安) 지음 린슈옌(林書妍)·시에진안(謝瑾安) 그림
조기정(趙紀貞)·둥팡후이(董坊慧) 옮김

이른아침

역자 서문

같은 잎 다른 맛의 비밀을 찾아서

차(茶)는 인류가 물 다음으로 많이 마시는 음료이며, 지금까지 인류의 삶과 역사에 커다란 영향을 끼쳐왔습니다. 우리가 찻잔을 들 때면 으레 차의 색향미에 취하곤 합니다. 하지만 정작 "녹차의 맛은 왜 이렇게 구수하며, 홍차의 색은 어째서 그리도 매혹적이며, 청차의 향은 어찌 그리 변화무쌍한가?"에 대해서는 깊이 생각하지 않는 경우가 대부분입니다. 게다가 그 답을 찾기도 쉽지만은 않은데, 사실 그 비밀은 바로 이 책의 원제목처럼 '천변만화하는 찻잎의 마법술[千變萬化的茶葉魔法術]'에 숨겨져 있습니다.

독자 여러분 앞에 놓인 이 책은 매우 특별합니다. 어렵고 딱딱한 학술 이론서도 아니고, 읽기 지루한 역사책도 아닙니다. 대만의 차 전문가인 저자는 간결한 필치와 생동감 넘치는 삽화를 통해 무겁게 느껴질 수 있는 차의 색향미 변화를 아주 쉽고 산뜻하게 풀어냈습니다. 80여 쪽에 불과한 적은 분량이지만, 그 안에는 찻잎이 차나무 가지를 떠나는 순간부터 위조, 살청, 발효, 홍배 등의 공정을 거쳐 우리 찻잔 속의 아름다운 차탕으로 변하기까지의 거의 모든 비밀이 담겨 있습니다.

'진리는 지극히 단순하다[大道至簡]'는 말이 있습니다. 이 책의 가장 큰 매력은 찻잎의 복잡한 변화 과정을 논리적이면서도 구체적으로 보여준다는 점입니다. 차의 풍미 변화가 막연한 신비가 아니라 명확한 인과관계의 산물임을 독자들에게 일깨워줍니다. 차를 오랫동안 즐겨온 애호가든, 이제 막 차의 세계에 입문한 초심자든, 책장을 넘기다보면 "아, 이 차의 맛이 그래서 이렇구나!" 하고 무릎을 치게 될 것입니다.

이 책을 번역하는 과정은 인문학도인 역자들 모두 차를 다시 알아가는 배움의 시간이었습니다. 우리는 두 언어 사이에서 저자가 의도한 '쉽지만 깊이 있는' 통찰을 온전히 전달하기 위해 노력했습니다. 부디 마법 같은 이 얇은 책이 여러분의 찻자리에 좋은 벗이 되어주기를 바랍니다. 차를 마시는 틈틈이 이 책을 펼쳐 보신다면 작은 찻잎 하나가 보여주는 변화무쌍한 마법의 세계를 엿보실 수 있을 것입니다.

찻잎의 과학화와 대만 차 산업의 부흥을 위해 역저를 저술하신 저자 천보안(陳柏安) 선생님과 어려운 출판 여건을 무릅쓰고 오로지 차를 위해 기꺼이 출판에 응해주신 김환기 대표님께 감사드립니다. 강호 차인들의 많은 질정을 바랍니다.

乙巳(2025)年 冬至節에

역자 조기정·둥팡후이 삼가 적음

차례

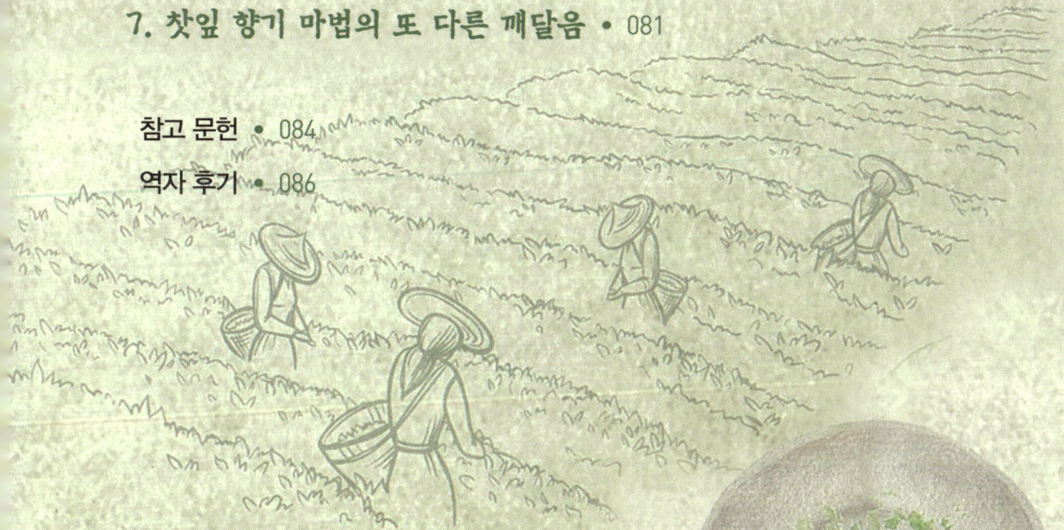

1. 찻잎의 풍미風味 마법

찻잎[茶葉]은 차나무[茶樹]에서 따낸 잎인데, 우리 입안의 차탕(茶湯)으로 변하기까지 여러 다양한 제다 공정을 거쳐야 한다. 산화(酸化) 공정은 찻잎의 기본 풍미를 확립하며, 초청(炒青) 단계의 향기 고정, 홍배(烘焙) 과정의 맛 조절, 숙성 시기의 화려한 변화는 모두 이 산화를 기반으로 하여 찻잎에 더 많은 풍미 특성을 추가하게 한다. 따라서 찻잎의 산화 작용을 이해하는 것은 찻잎의 풍미 세계로 들어가는 첫걸음이라 할 수 있다.

한 장의 찻잎이 불발효차(不發酵茶)·부분발효차(部分發酵茶)·완전발효차(完全發酵茶)로 변할 수 있고, 녹차(綠茶)·백차(白茶)·황차(黃茶)·청차(青茶)·홍차(紅茶) 등 다양한 종류로 펼쳐질 수 있으며, 풀향[草香]·꽃향[花香]·청과향(青果香)·숙과향(熟果香) 등 각기 다른 향기를 발산할 수 있는 이유는 모두 모차(毛茶)의 제다 기술에서 비롯된다. 우리는 우선 찻잎의 산화(발효) 과정을 설명할 때 적용되던 기존의 복잡한 과학 이론을 보다 생동감 있고 간단한 개념으로 바꾸어, 왜 서로 다른 제조 공정이 같은 잎에서 서로 다른 색향미를 나타낼 수 있는지 차례로 설명할 것이다. 또 찻잎의 마법을 감상하는 관점에서 각종 차류에서 보이는 풍미 특성의 기원을 소개하고, 찻잎의 풍토(風土)와 풍미를 연결하는 핵심비밀도 풀어나가고자 한다.

풍토
제다
HOT
살청
홍배
풍미

2. 찻잎의 색色 마법

2.1 찻잎의 색(色) 마법

모든 찻잎은, 그것이 대만 아리산(阿里山) 청심우롱[青心烏龍] 차나무의 잎이든, 스리랑카 TRI 5000 차나무의 잎이든, 일본 야부키타(Yabukita) 차나무의 잎이든, 인도 다즐링의 B157 차나무의 잎이든, 케냐 TRFK 68 차나무의 잎이든, 혹은 소엽종이든 대엽종이든, 우리는 다양한 제조 과정을 통해 그 찻잎을 녹차·황차·청차·홍차 등 차탕의 색이 각기 다른 차로 변화시킬 수 있다. 처음 땄을 때의 찻잎을 청록색에서 서서히 노란색, 붉은색으로 변화시키는 이 과정이 바로 우리가 우선 소개할 '찻잎의 색(色) 마법'이다.

찻잎의 색 마법의 주인공은 카테킨(Catechins, 兒茶素)으로, 8가지 다른 구조의 화학물질로 구성되어 있으며, 찻잎에서 상대적으로 많은 양(약 15~30%)을 차지하는 성분이다. 카테킨은 함유량이 높기 때문에 찻잎 내에서의 변화와 그 향방이 찻잎의 여러 마법적 변화에 영향을 미치며, 우리가 심혈을 기울여 주목해야 할 대상이다. 이 카테킨들은 원래 식물이 해충이나 햇볕에 타는 등의 외부 피해를 입었을 때 저항하기 위한 예방 메커니즘이었다. 이처럼 카테킨은 해충 방어 물질로 사용될 수 있는 만큼, 동시에 자신에게도 상당한 피해를 줄 수 있다. '적 100명을 죽이면서 아군 70명도 잃는' 이런 상황을 방지하기 위해 이 예비 물질들은 평소에는 액포(液胞) 내에 저장되어 식물 세포의 일반적인 생화학 작용 공간인 세포질(細胞質)과 분리될 수 있고, 그래서 찻잎 세포 자체에는 나쁜 상해를 주지 않게 되는 것이다.

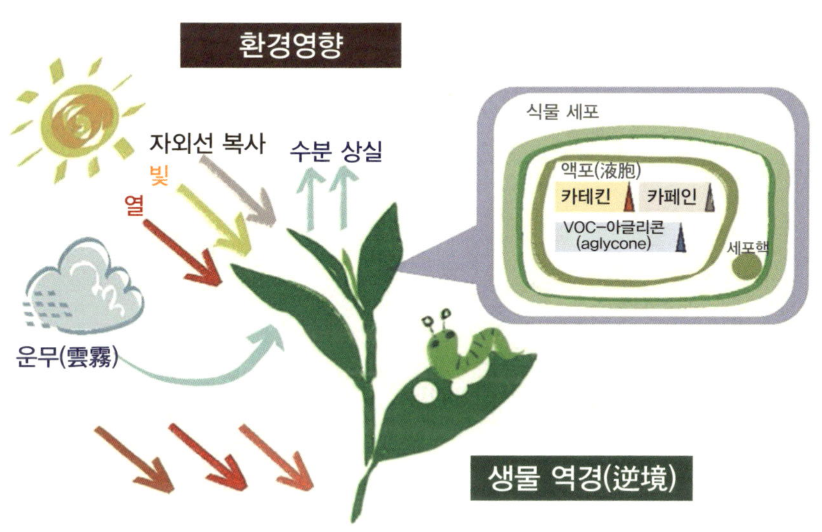
환경영향
자외선 복사
빛
열
수분 상실
운무(雲霧)
식물 세포
액포(液胞)
카테킨
카페인
VOC-아글리콘
(aglycone)
세포핵
생물 역경(逆境)

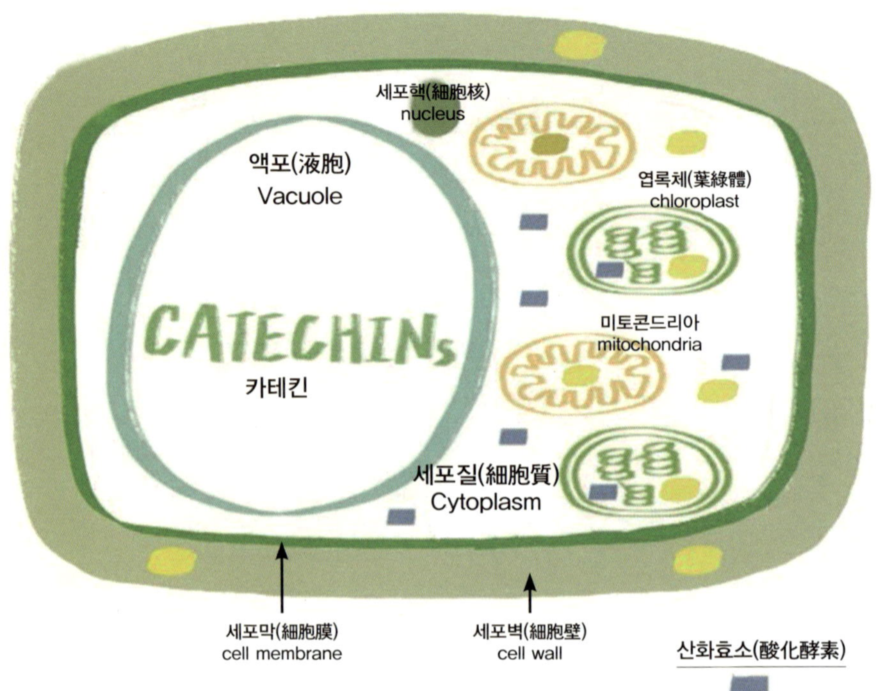

PPO : 폴리페놀옥시다아제(Polyphenol oxidase,
폴리페놀산화효소(폴레페놀酸化酵素))

POD : 페록시다아제(Peroxidase,
과산화효소(過酸化酵素))

찻잎이 나무에서 따지면 찻잎의 세포는 점차 수분을 잃기 시작하며, 이에 따라 점차 역경(逆境)이 조성하는 상해(傷害)를 입게 된다. 이러한 탈수 과정에서 원래 액포 안에 저장되어 있던 유해한 카테킨들이 액포막의 안정성이 점차 낮아지기 때문에 서서히 세포질 안으로 흘러나오게 된다. 찻잎은 이렇게 누출된 카테킨이 세포에 해를 끼치는 것을 방지하기 위해 즉시 폴리페놀산화효소(polyphenol oxidase, PPO)를 활용하여 일련의 산화작용(酸化作用)을 시작하는 두 번째 보호 메커니즘을 전개한다. 이 산화 과정은 상당히 중요한데, 카테킨 유출로 인한 피해를 줄일 뿐만 아니라 찻잎의 색 마법이 이때부터 즉시 전개되기 때문이다.

액포막의 안정성 저하로 액포에서 세포질 안으로 유출된 카테킨들은 세포질 안에서 산소와 만나고, 동시에 폴리페놀산화효소의 촉매작용을 받으며 이 둘의 공동 작용으로 하나하나의 단량체(單量體, monomer) 카테킨들이 체계적으로 둘씩 결합하기 시작한다. 이로 인해 차탕이 황색을 띠는 이량체(二量體, dimer)와 차황질(茶黃質, theaflavins, TFs) 등이 생성되며, 카테킨의 초기 산화가 완성된다. 찻잎 세포가 더 많은 손상을 입으면서 액포막이 점점 더 불안정해지면 더 많은 카테킨들이 세포질 안으로 유출된다. 이때 세포는 반드시 더욱 강화된 보호 메커니즘을 가동해야만 한다. 과산화효소(過酸化酵素, peroxidase, POD)와 기존의 폴리페놀산화효소(PPO)가 함께 산화 작용의 촉매 역할을 하여 황색을 띠는 이량체와 차황질이 다시 가일층 산화되어 차탕에 홍색을 부여하는 차홍질(茶紅質, thearubigins, TRs)로 전환되거나, 혹은 더 나아가 갈색을 띠는 차갈질(茶褐質, theabromine, TB)로 변화하게 된다.

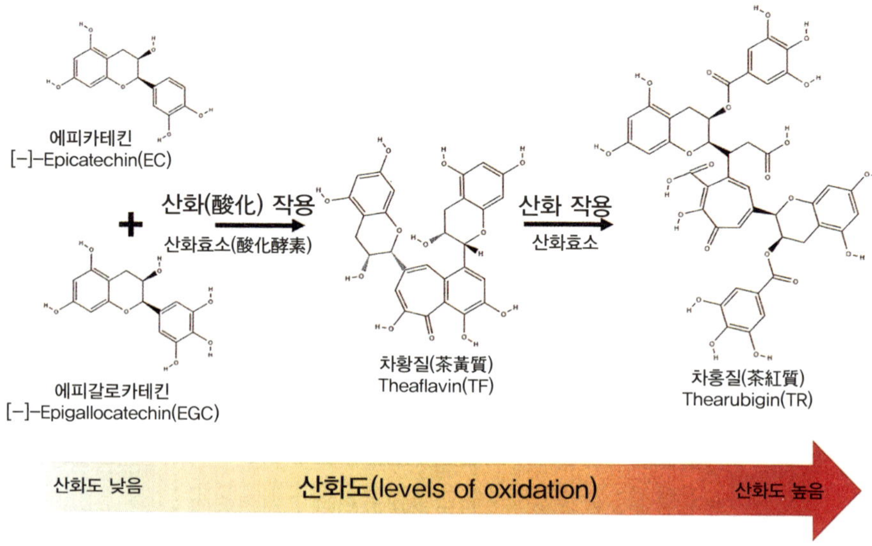

에피카테킨
[-]-Epicatechin(EC)

+

에피갈로카테킨
[-]-Epigallocatechin(EGC)

산화(酸化) 작용
산화효소(酸化酵素)

차황질(茶黃質)
Theaflavin(TF)

산화 작용
산화효소

차홍질(茶紅質)
Thearubigin(TR)

산화도 낮음 산화도(levels of oxidation) 산화도 높음

액포 안에 격리되어 있던 무색 카테킨은 차나무에서 채취된 역경의 영향으로 인해, 액포에서 세포질 안으로 강제로 흘러 들어가게 되고, 더 나아가 효소의 촉매작용을 받아 점차 황색, 홍색, 갈색의 물질로 전환된다. 찻잎의 색을 바꾸는 이 산화 작용은 다양한 차탕의 색을 만들어 낼 뿐만 아니라, 장차 찻잎의 맛과 향기의 변화를 유발하는 핵심 요소이기도 하기에 찻잎 마법의 첫 번째 키 포인트라고 할 수 있다.

2.2 찻잎의 색을 바꾸는 마법

카테킨에 의한 찻잎의 색상 변화는 주로 카테킨의 산화 작용에 기인한다. 따라서 카테킨의 산화 정도를 조절할 수 있으면 찻잎의 색상 변화 정도 역시 조절하는 효과를 거둘 수 있다.

카테킨은 평소에 액포 안에 저장되고, 카테킨 산화를 일으키는 폴리페놀산화효소와 산소는 세포질 안에 있기 때문에 이들을 분리하는 액포막은 조절에서 중요한 역할을 한다. 액포막의 안정성에 영향을 미치는 모든 요소, 예를 들어 차를 만들 때의 외부 온도와 습도 또는 유념할 때의 강도와 시간 등은 차 색 마법의 변환 속도나 정도를 지휘하는 관건이 된다.

찻잎 마법사는 차를 만들 때 세포의 수분 손실 정도를 제어하여 색상을 변경할 수 있는 기술 외에 또 다른 기술을 응용하여 차를 딸 때의 카테킨 함량[원료], 폴리페놀산화효소 함량[촉매], 잎의 두께[차를 만들 때 수분 손실 속도에 영향을 미침] 등을 조절할 수 있다. 이를 통해 찻잎이 변색 마법을 펼칠 때 다양한 환경을 조성하여 변화무쌍한 차의 변색 마법을 조절할 수 있는 것이다.

예를 들어, 차나무를 심는 과정에서 찻잎은 상해를 피하기 위해 더 높은 온도에 직면할 때 더 많은 카테킨을 생성할 것이다. 이 카테킨들은 액포 안에 축적되는데, 이후 이 찻잎을 따서 제다사가 활용할 때 더 많은 원료(카테킨)를 확보할 수 있고, 차를 황색이나 홍색으로 전환시킬 수 있는 기회 역시 상대적으로 더 많이 가질 수 있다. 반대로 질소 비료를 많이 사용하면 찻잎 세포에 축적된 카테킨 함량을 쉽게 줄이고, 폴리페놀산화효소의 함량과 활성을 동시에 감소시킨다.

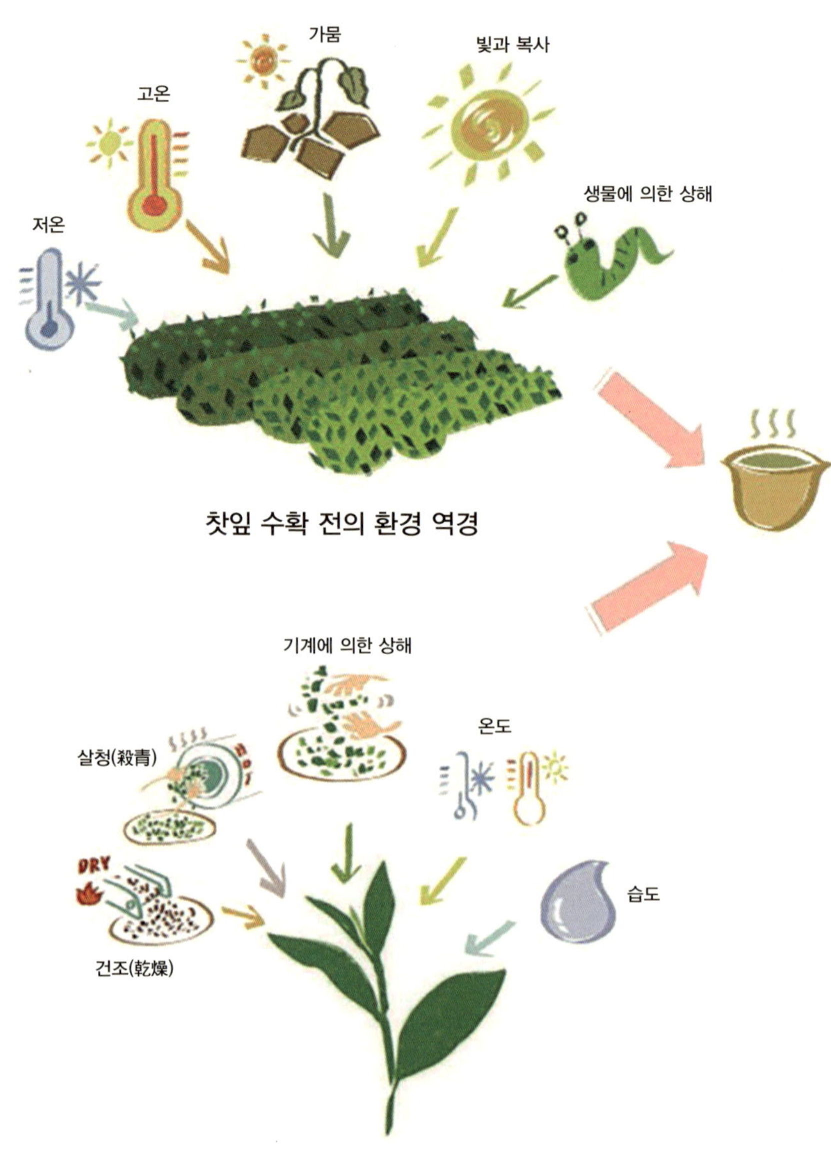
가뭄
빛과 복사
고온
생물에 의한 상해
저온
찻잎 수확 전의 환경 역경
기계에 의한 상해
온도
살청(殺青)
DRY
습도
건조(乾燥)
제다 때의 통제 가능한 역경

이로 인해 찻잎을 딴 후 제조 과정에서 전환을 제공할 수 있는 원료와 촉매제가 모두 상대적으로 줄어들게 되며, 더 나아가 카테킨 산화 작용의 산물을 감소시키고, 찻잎의 변색 가능성도 더불어 낮아지게 된다.

찻잎 마법의 핵심 공식을 파악하면 이를 차나무 재배에서 차 제조에 이르는 다양한 공정에 활용할 수 있다. 이를 통해 카테킨과 폴리페놀산화효소의 함량·비율·반응속도를 조절하여 카테킨 산화 상태를 조절함으로써 찻잎의 색 변화를 더욱 세밀하게 제어할 수 있으므로 기초 찻잎 마법사가 될 수 있다. 마찬가지로, 찻잎 변색 마법의 핵심을 이해하면 차탕의 색(色)을 통해 그 찻잎의 산화 정도를 대략적으로 파악할 수 있게 된다.

3.

찻잎의 맛味 마법

3.1 찻잎의 맛[味] 마법

우리 혀의 미뢰가 느끼는 신맛·단맛·쓴맛·짠맛·감칠맛의 5가지 미각과 촉각으로 느껴지는 떫은맛 등이 함께 어우러져 이른바 차 맛을 이룬다. 따라서 차의 맛을 탐색할 때 우리는 일반적인 5가지 맛 외에도 다양한 떫은맛을 이해해야 찻잎의 맛 변화를 더 온전하게 파악할 수 있다.

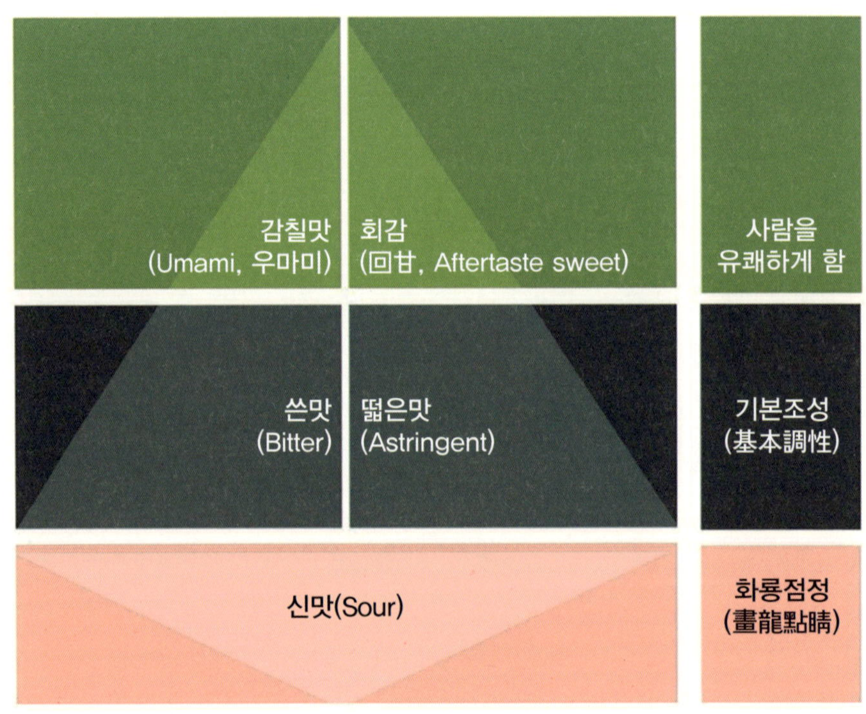

찻잎의 맛을 논하기 전에, 먼저 사람들의 차탕에 대한 기호를 이해할 필요가 있다. 일반적으로 주로 단맛과 감칠맛을 가장 선호하는 반면, 쓴맛과 떫은맛은 비교적 싫어하는 맛이며, 그밖에 짠맛과 신맛은 차탕에서 흔히 볼 수 없는 맛이다. 이러한 기본적인 개념에서 우리는 찻잎의 맛을 논할 때 왜 대부분 차탕에서 먼저 단맛·감칠맛·쓴맛·떫은맛의 4대 느낌에 관심을 가져야 하는지 비교적 분명히 이해할 수 있다.

찻잎에서 단맛이 나오는 원인은 주로 다양한 가용성(可溶性) 당류(醣類) 때문이지만, 이러한 당류의 함량은 매우 낮고 일반적으로 사람의 미각으로 감지하기 어려운 수준이다. 따라서 차를 마실 때 느껴지는 단맛은 늘상 쓴맛 이후에 회감(回甘)이 가져다주는 느낌이다. 쓴맛 후에 이러한 회감을 내는 성분은 주로 카테킨 중의 유리형(游離型) 카테킨(C, GC, EC, EGC)이며, 갈레이트(gallate)를 함유한 다른 유형의 에스테르형(型) 카테킨(CG·GCG, ECG, EGCG)은 쓴맛 후에 회감을 내는 효과를 가져다주지 않는다.

단맛과 회감 외에도 감칠맛은 사람들이 좋아하는 또 다른 차탕의 좋은 맛으로, 주로 다양한 유리아미노산(遊離amino酸)에 의해 제공되는데, 그중 감칠맛에 가장 크게 기여하는 성분은 글루타민(glutamine), 즉 MSG의 주성분이다. 이 성분은 차탕을 더욱 신선하게 만들 수 있을 뿐만 아니라 차탕의 쓴맛과 떫은맛을 덜 느끼게 하는데, 카테킨 등에서 오는 쓰고 떫은맛의 균형을 맞추는 등 차탕 맛의 균형에 중요한 역할을 한다. 테아닌(theanine)은 비록 찻잎 가운데 함량이 가장 많은 아미노산이지만 실은 그것이 제공하는 감칠맛의 느낌은 매우 낮고, 또한 쓰고 떫은맛을 낮추는 데도 별로 도움이 되지 않는다. 비교하자면, 함량이 비교적 적은 글루타민과 아스파라긴산(aspartic acid)보다 훨씬 낮다.

차탕 중 쓴맛의 원천은 단지 쓴맛의 느낌만을 제공하는 카페인 외에, 카테킨,

프로안토시아니딘(proanthocyanidins), 가수분해성 탄닌(hydrolysable tannins) 등 찻잎 중의 성분들이 모두 쓴맛과 떫은 느낌을 동시에 낸다. 떫은맛은 특별한 혀의 감각으로, 단량체 카테킨이 가져다주는 떫은 느낌은 혀 표면이 쪼그라들고 조여들면서 만들어내는 불편한 촉감(觸感)이다. 단량체 카테킨에 갈레이트가 결합되어 있을 때 더 강한 떫은 느낌을 나타낸다. 따라서 EGCG는 주로 차탕 가운데에서 떫은맛을 제공하는 카테킨의 역할을 한다. 플라보노이드 글리코사이드(flavonoid glycoside) 등의 물질은 글리코사이드와 결합된 형태로 존재하기 때문에 더 부드럽고 매끄러운 떫은 느낌(silky astringent)을 가져와 오히려 차탕을 더 풍부하게 할 수 있다. 차탕의 다양한 성분은 각기 다른 떫은 느낌을 가져다주고, 서로 영향을 미치며 전반적으로 떫은 느낌을 변화시킨다. 대부분의 사람은 이러한 성분이 가져다주는 쓰고 떫은 느낌을 좋아하지 않지만, 차탕에는 단맛·회감·감칠맛·쓴맛 등의 맛을 제공하는 다른 성분도 포함되어 있기 때문에 이러한 쓰고 떫은 성분들이 없다면 차탕이 오히려 균형을 잃고 음미하는 느낌과 즐거움을 떨어뜨릴 수 있다. 따라서 찻잎 중의 다양한 성분은 모두 그 존재의 의미와 역할을 가지고 있으며, 어떻게 해야 찻잎이 최적의 균형 상태에 도달할 수 있는지가 가장 주목해야 할 부분이다.

[주] 차의 주요 카테킨 화합물 및 약어

C : Catechin(카테킨)
EC : Epicatechin(에피카테킨)
GC : Gallocatechin(갈로카테킨)
EGC : Epigallocatechin(에피갈로카테킨)
CG : Catechin gallate(카테킨 갈레이트)
ECG : Epicatechin gallate(에피카테킨 갈레이트)
GCG : Gallocatechin gallate(갈로카테킨 갈레이트)
EGCG : Epigallocatechin gallate(에피갈로카테킨 갈레이트)

3.2 찻잎의 맛[味]을 바꾸는 마법

차탕의 성분 조성, 그리고 개인의 미뢰 민감도 차이는 우리가 차탕의 맛을 다르게 느끼는 이유이다. 그런데 사람들은 항상 차탕의 다양한 성분이 편안한 상태로 쌓일 수 있기를 기대하고, 자신의 취향에 맞는 아름다운 균형을 이루고 즐거움을 제공하는 단맛·회감·감칠맛 그리고 층차감(層次感, layering)*을 내는 쓴맛·떫은맛이 함께 교차하는 입체적인 느낌을 원한다. 따라서 찻잎의 맛을 변화시키는 마법의 핵심은 차의 재배와 제다 과정에서 가장 완벽한 차탕 맛을 만들어내는 것이다.

찻잎의 색깔 마법에서 우리가 논한 카테킨 산화 반응은 차의 색깔을 결정하는 가장 핵심적인 요소일 뿐만 아니라 찻잎의 맛 변화에도 깊은 영향을 미친다. 카테킨은 찻잎에서 쓰고 떫은맛을 주로 제공하는 성분이지만, 산화 반응을 통해 테아플라빈[茶黃質]과 테아루비긴[茶紅質]으로 전환되면 이러한 쓰고 떫은 느낌을 크게 줄일 수 있다. 따라서 찻잎에 함유된 카테킨의 산화 정도를 조절함으로써 쓰고 떫은 느낌이 비교적 강한 단량체 카테킨을 점차 줄여서 쓰고 떫음이 덜한 결합형태로 전환시킬 수 있다. 주로 쓰고 떫은 느낌을 제공하는 다른 카페인, 프로안토시아니딘 등의 기타 성분은 대부분 찻잎의 산화 과정에 영향을 받지 않기 때문에 단량체 카테킨의 함량을 조절하는 것이 찻잎 맛의 균형을 바꾸

---

* 층차감(層次感, layering) : 입안에서 느껴지는 차의 다채로운 느낌. 쓰고 떫은 맛, 감칠맛, 단맛 등 여러 가지 맛이 순차적으로 나타나는 느낌 – 역자 주

는 열쇠가 된다. 따라서 제다사는 산화의 마력을 통해 차청(茶菁)이 성장할 때 축적되는 쓰고 떫은 카테킨을, 차청이 본래 지닌 다양한 쓴맛·떫은맛·단맛·감칠맛 성분들과 절묘한 균형을 이루도록 하여야 마시기에 가장 적합한 한 잔의 차를 만들어낼 수 있다.

하지만 안타깝게도, 제다사가 카테킨의 산화 정도를 조절함으로써 차청 본연의 맛 느낌을 단장(丹粧)하고, 찻잎을 가장 적절한 자태로 연출할 수는 있겠지만, 이러한 조절 과정은 반드시 색상의 변화를 동반하게 된다. 제다를 통해 쓰고 떫은맛을 줄일 수는 있지만, 이와 동시에 반드시 색상의 변화도 일어나게 마련이라는 얘기다. 바꾸어 말하면, 쓰고 떫은 느낌을 줄이는 동시에 차탕의 색이 노랗고 붉어지지 않게 만들기는 어렵다는 것이다.

그러나 카테킨은 색과 맛에 동시에 영향을 미치는 이중 특성을 가지고 있기 때문에 색상의 관찰을 통해 카테킨의 산화를 평가할 수 있고, 서로 다른 쓰고 떫은 느낌으로 차청의 산화 상태도 가릴 수 있다. 또 색과 맛의 대비를 결합함으로써, 더 다양한 차 한 잔의 찻잎 마법에 대한 전환의 실마리도 얻을 수 있다.

각각의 찻잎들은 모두 저마다에게 가장 좋은 연출 무대를 가지고 있으며, 어떻게 하면 찻잎이 가장 적절한 자태로 분장을 하고 등장하며, 또 어떤 개성으로 공연할지는 제다사가 차의 타고 난 마력을 어떻게 장악하여 각각의 차들이 최고의 자태로 무대에 오를 수 있도록 하는가에 달려 있다.

4. 찻잎의 향기香 마법

4.1 찻잎의 향기 마법

찻잎이 제공하는 입안의 느낌은 쓴맛·짠맛·신맛·단맛·감칠맛·회감·떫은맛 등 겨우 몇 가지 느낌에 불과하다. 그런데도 이미 매우 복잡하다고 느껴진다면, 당신이 차 향기의 세계에 들어섰을 때는 더 많은 도전에 직면하게 될 것이다. 현재까지 찻잎에서는 최소 500종 이상의 향기 성분이 발견되었는데, 이러한 다양한 향기 분자들은 우리의 후각을 통해 향긋한 풀 향, 상큼한 꽃 향, 진한 과일 향, 달콤한 꿀 향, 견과류의 탄 향[焦香, 구운 향] 등 다양한 향기를 느낄 수 있게 한다. 동시에 다양한 향기들이 서로 어우러지면서 각종 변화무쌍한 향기와 풍모를 더욱 잘 혼합해낼 수 있어 사람들로 하여금 차에 대해 더욱 정신을 잃게 만든다. 찻잎은 채엽되었을 때의 풀 향을 시작으로 제다사의 훌륭한 솜씨 아래서 일련의 마법 변화를 거친 후 각양각색의 미묘한 향기를 내게 되는데, 이는 줄곧 차 마법에서 가장 미스터리한 부분으로 여겨져 왔으며, 나아가 다양한 차의 특징을 만들어내는 핵심비밀이기도 하다.

찻잎의 향기 변화라는 마법을 분석하기에 앞서, 우리는 먼저 향기의 감각에 대한 기초적인 지식을 이해할 필요가 있다. 그래야만 차의 세계에서 가장 복잡한 장(章)을 풀어나갈 수 있다. 우리가 맛을 느낄 때는, 비록 사람마다 감각의 민감도에 다소 차이가 있기는 하지만, 단맛은 누구라도 분명히 단맛으로 느낄 수 있고, 또 단맛 성분이 많을수록 더 강렬한 당도를 느낄 수 있다. 그러나 향기의 느낌은 맛과는 근본적으로 다르며, 감각기관의 민감도에 영향을 받을 뿐만 아니라 농도의 차이로 인해 동일한 향기 분자라도 완전히 다른 향기의 느낌을 갖게 된다. 예를 들어 인돌(indole)이라는 향기 분자의 경우, 농도가 낮을 때는 자스민 향의 느낌을 주지만 농도가 조금 높을 때는 썩은 꽃향기라고 느끼게 하고, 농도가 더 높아지면 화장실의 분뇨 향기가 나게 된다. 더 흥미로운 점은 이러한 서로 다른 감각을 구별하는 농도 임계점이 각자의 감각 민감도에 따라 다르다는 것이다. 즉, 같은 농도에서도 감각이 덜 예민한 사람은 여전히 꽃향기라고 느낄 수 있는 반면, 예민한 사람은 불편한 화장실 냄새가 난다고 느끼기 시작할 수 있다는 것이다.

농도의 영향 외에도 향기의 느낌은 저마다의 인생 경험과 밀접한 관련이 있으므로 모든 사람은 동일한 향기 분자에 대해 각자의 성장 배경과 기억에 따라 서로 다른 연상과 느낌을 갖게 된다. 또 이러한 이유로 서로 다른 사람이 꽃향기 농도 범위의 같은 인돌 향을 맡으면서도 서로 다른 향기와의 연결을 생성한다. 이 때문에 우리는 A가 "이 차는 오렌지 꽃이나 감귤 꽃 향이 난다."고 말하는데, B는 "파인애플 꽃 향"이라고 말하는 반면, C는 또 "재스민 꽃 향이 느껴진다."고 하고, D는 "치자나무 꽃 향을 낸다."고 말하는 경우를 종종 접하게 된다.

향기는 이렇게 다양하고 복잡한 특성을 가지고 있다. 또 찻잎들은 서로 다른 향기 분자로 구성되어 있을 뿐만 아니라, 각 향기 분자의 농도 변화에 따라 다양한 느낌을 유발한다. 동시에 다양한 향기 사이의 결합에는 다양한 상호작용 및 적층효과도 있다. 이런 여러 요인들이 함께 작용하여 변화무쌍한 차의 향기를 느끼게 하고, 또 차인들이 차 향기를 두고 대화할 때 종종 어려운 상황을 느끼게 한다. 이처럼 다양한 차 향기의 자태는 신비로운 안개로 겹겹이 덮여 있는데, 이는 차의 향기가 매우 다양할뿐더러 각 차인의 감각기관 상태와 개인 경험의 차이로 인해 같은 차의 향기 느낌도 사람마다 다를 수 있기 때문이다. 맛과의 조화가 더해진다면, 글로 형용하기는 더욱 어려워질 것이다. 어떻게 수많은 차 가운데 향기 면에서 자기와 가장 잘 어울리는 차를 찾을 수 있을지는 우선 차 향기를 이루는 신비로운 안개를 걷어내는 것부터 시작해야 할 것이다.

찻잎의 향기는 수백 가지로, 그것들은 모두 차청(茶菁)이 자라는 과정에서 서로 다른 환경이나 처지에 대응하여 차근차근 각종 향기 원료를 축적하고, 다시 차를 만드는 과정에서의 변화를 통해 서서히 전환되어 찻잎에 저장된 것들이다. 우리가 차를 우려낼 때, 이러한 향기는 다시 한번 찻잎에서 대량으로 발산된다. 먼저 코를 통해 우리가 향기를 맡을 수 있게 하고, 이어서 차탕이 입으로 들어가면 차탕의 향기가 입안의 효소를 통해 방출되고, 마지막으로 비강의 후각을 통해 차의 이 두 번째 향기를 맡게 된다. 그래서 한 조각의 찻잎이 향기를 연역하는 것은 성장할 때 겪는 처지, 제조 과정, 우려낼 때의 무대를 보여줄 뿐만 아니라, 우리가 음미할 때 그와의 인연까지도 포함하고 있다.

다양한 성장 환경은 차청에게 다양한 향기 전구물(前驅物)* 을 축적하게 한다. 이러한 매력적인 향기 전구물과 차탕의 쓰고 떫은맛을 조성하는 카테킨은 주로 차나무가 외부의 역경과 해충에 저항하기 위해 생성한 것이다. 예를 들어, 사람에게 느껴지는 신선한 풀 향은 사실 찻잎이 초식동물에게 물렸을 때 가장 먼저 발산하는 향기 분자 중 하나이다. 이러한 향기 분자들은 역경에 대한 내성을 향상시키고 해충을 퇴치하는 기능 외에, 주변의 다른 차나무들에게 사전에 방어 준비를 하도록 통지하는 기능도 한다. 식물은 신선한 풀 향을 내는 외에도 또 우리 인간에게는 좋은 향이지만 초식동물에게는 해롭고 독성을 지닌 많은 다른 향기 물질들을 만들 수 있다. 그런데 이러한 향기 분자도 카테킨과 마찬가지로 식물 자체에도 일정한 피해를 줄 수 있으므로 차나무는 이러한 향기 물질을 축적하는 동시에 자기 손상을 예방할 수 있는 일련의 메커니즘을 반드시 개발해야 한다.

---

* 전구물(前驅物) : 체내에서 다른 화합물을 형성할 때 사용되는 전 단계 화합물 – 역자 주

실제로 식물은 이러한 향기 분자들과 다양한 글리코사이드(glycoside)*를 결합하여 저독성 및 비휘발성 형태로 변환한 다음 이러한 성분들을 액포 안에 운반하여 저장하는 한편, 동시에 물리적 격리와 독성 제거 방식을 통해 방어 준비를 한다. 이러한 글리코사이드 형태로 존재하는 저장형 향기 물질들은 독성이 제거되는 외에 낮은 휘발성으로 인하여 그 향기를 맡기가 어렵다. 따라서 차청 생장 과정에서 저온이나 해충 등에 대비하여 생성된 방어 준비용 향기 전구물이 차나무가 자랄 때 사용되지 않으면 이러한 물질은 곧 잎의 액포 안에 보존되어 차 향기의 성장 이력에 대한 역사적 증거가 된다. 이러한 차의 성장 과정에서 축적된 향기 성분들은 비록 차가 자신의 처지에 맞춰 준비한 것들이지만, 다양한 성장 환경의 차이는 독특한 풍미 구성을 만들어내고, 또 차 시음자들로 하여금 차의 성장 배경을 엿볼 수 있는 맥락을 제공기도 한다.

---

* 글리코사이드(Glycoside) : 한자어로는 배당체(配糖體)라고 한다. 당이 글리코사이드 결합을 통해 다른 작용기에 결합된 분자이다. 배당체는 살아있는 유기체에서 수많은 중요한 역할을 하는데, 특히 많은 식물은 비활성 배당체 형태로 화학물질을 저장한다. 이들은 효소 가수분해에 의해 활성화될 수 있으며, 이로 인해 설탕 부분이 분해되어 화학물질을 사용할 수 있게 된다. - 역자 주

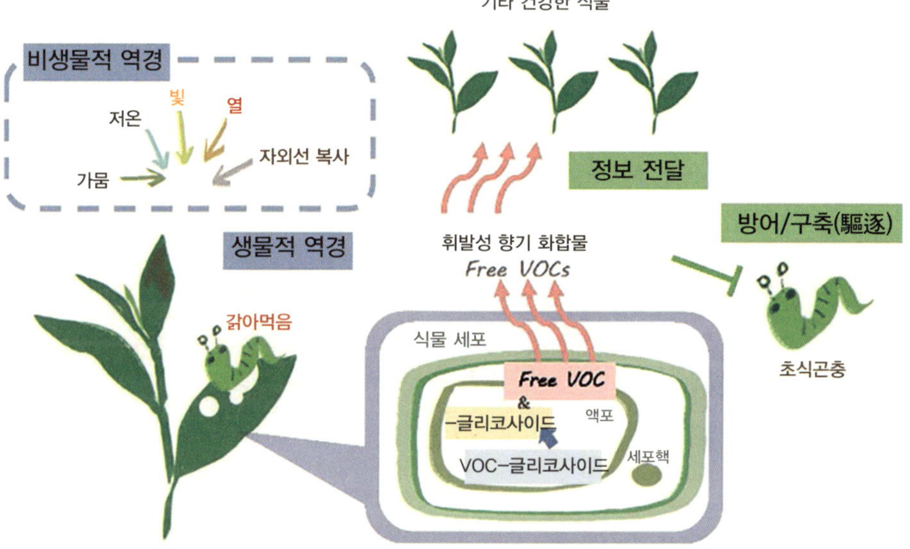

VOC : volatile organic compounds
휘발성 유기화합물(향기화합물)

찻잎이 차나무에서 생장하는 동안 생성되는 향기 물질은 주로 포도당의 해당작용(解糖作用, Glycolysis)*에서 시작되므로, 이들 향기 물질의 가장 앞단의 기초 원료는 모두 동일한 것이다. 그러나 서로 다른 생합성 메커니즘을 거쳐 지방산 유래 휘발성 물질, 카로티노이드 유래 휘발성 물질, 휘발성 테르펜, 휘발성 페닐프로판/벤젠 등을 포함하는 4가지 주요 범주의 향기 전구물로 전환된다. 따라서 주원료인 포도당 함량의 많고 적음과 다양한 향기 전구물로 전환되는 비율 및 차청이 직면한 생장 환경의 조건은 모두 찻잎이 나무에 있을 때 향기 성분의 함량을 축적하는 열쇠이며, 또한 결국에는 제다사의 손에서 변화를 일으킬 수 있는 기초가 되기도 한다. 그러나 이러한 향기 전구물질이 찻잎에서 어떻게 원활히 방출되고, 또 더욱 다채로운 향기 조합으로 아름답게 전환되느냐 하는 것은 결국 제다사가 다양한 제다 기술을 어떻게 활용하여 조절하느냐에 달려 있다.

* 해당작용(解糖作用, Glycolysis) : 해당작용 혹은 해당과정(解糖過程)은 당을 분해하는 과정을 의미한다. 에너지 생산의 기초적인 과정이며 후에 벌어질 TCA 회로를 위한 재료인 피루브산 생성과 약간의 환원력 생산을 그 목적으로 한다. - 역자 주

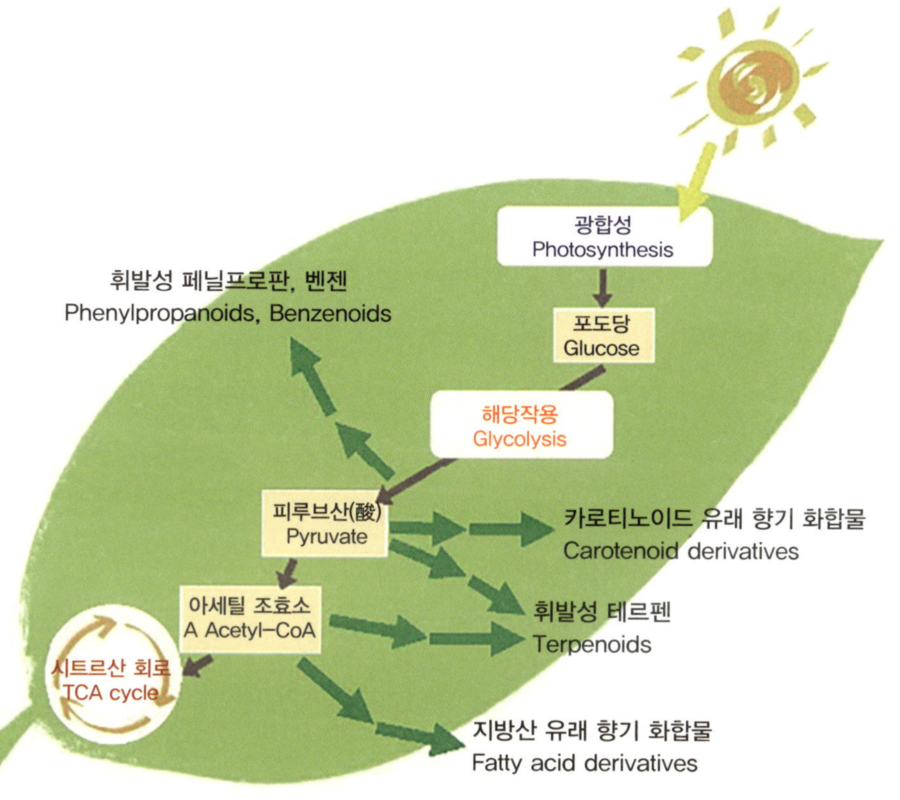

차청이 생장할 때의 향기 생성 경로

4.2 찻잎의 향기를 바꾸는 마법

사실 찻잎이 나무에서 자라나는 동안에도 제다 과정에서 생성되는 다양한 향기 분자들을 합성할 수는 있다. 그러나 막 차나무에서 수확된 차청은 다만 풀 향 위주의 단조로운 향기만을 발산할 수 있다. 이는 수확 당시에는 잎 안에 있는 새로운 향기 성분 대부분이 아직 생성되지 않았으며, 또 기존에 생성된 저장성 향기는 여전히 글리코사이드 형태로 액포 안에 저장되어 휘발되지 않기 때문이다. 일부 지방산류의 성분들만이 손상과 수분 부족의 역경으로 인해 수확 즉시 빠르게 산화되고 또 방출되어(예 : 3-hexenal, 3-hexenol) 차청에게 많은 풀향기가 나도록 한다. 녹차처럼 수확 후의 공정이 짧은 차류는 향기 전환이 부족하기 때문에 차청이 비교적 원시적인 향기 상태를 나타낸다.

비록 향기 마법이 색 마법이나 맛 마법에 비해 더 복잡하기는 하지만, 이러한 복잡성 때문에 수백 수천 가지의 다양한 향기 조합이 만들어지게 되었다. 또 서로 다른 마법의 조합은 포종차(包種茶), 우롱차[烏龍茶], 홍차(紅茶)의 독특한 향기 특성을 각각 형성하게 하였다. 찻잎의 향기를 원래의 풀 향에서 꽃향기와 과일 향으로 바꾸려면 서로 다른 여러 향기 변화 마법이 함께 교차해서 이루어져야 하며, 이로 인해 찻잎은 쉽게 들여다볼 수 없는 미스터리로 덮여 있다. 그러나 우리는 '카테킨 산화에 의해 촉진되는 향기 합성'과 '글리코사이드 가수분해 효소에 의해 촉진되는 향기 방출', 그리고 '역경에 의해 유발되는 방어성 향기 합성'이라는 세 가지 주요 경로를 통해 이를 설명할 수 있다. 또 여러 차류의 다양한 향기가 형성되는 원인을 이해함으로써 찻잎 향기의 마법은 단서나 근거를 통해 추적할 수 있고, 각기 다른 종류의 찻잎이 지닌 향기의 특성을 더 쉽게 인식할 수 있게 될 것이다.

4.2.1 카테킨 산화가 촉진하는 향기 생성

찻잎 향기 마법의 첫 번째 단계는, 여전히 색이나 맛과 마찬가지로, 찻잎에서 가장 중요한 변화인 카테킨 산화와 관련이 있다. 카테킨이 산화되는 과정은 쌍방향적인 변화인데, 일부 단량체 카테킨은 산화 형태로 전환되지만, 일부 산화 형태 카테킨 또는 이량체 카테킨은 다시 단량체 상태로 회복되기도 한다. 이 카테킨의 환원과정은 향기 전구물에게 전환될 수 있는 동력을 제공하여 다양한 카로티노이드, 아미노산 등의 물질이 원활하게 산화되어 다양한 향기로 분해·전환하도록 한다.

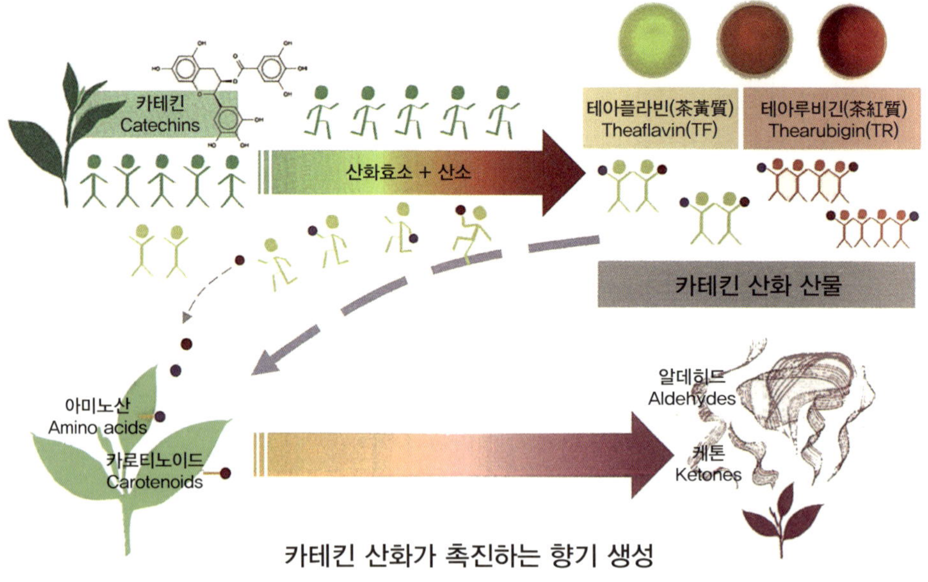

카테킨 산화가 촉진하는 향기 생성

카로티노이드에서 전환된 나무 향과 생생한 꽃향기를 지닌 베타 이오논(β-ionone), 그리고 아미노산류에서 전환된 포름알데히드(formaldehyde) 등 은은한 꽃향기를 지니면서도 여전히 신선하고 풋풋한 향기를 가진 물질들은 카테킨 산화-환원의 과정에서 먼저 방출되어 차청으로 하여금 소위 '청향(菁香)'과 '취청향(臭菁香)'이 주가 되는 후각적 감각을 펼치게 한다. 카테킨의 산화도가 일정 수준에 도달하면 더 많은 향기 생성을 촉진할 수 있으며, 이때 카로티노이드에서 다마세논(damascenone)으로 전환되어 강렬한 장미와 과일 향을 제공하며, 아미노산류에 의해 생성된 2-메틸 부타날(2-methyl butanal)은 맥아(麥芽, 엿기름)와 견과류 맛을 낸다.

이러한 화합물들의 생성 순서를 결정하는 것은 주로 원료의 산화와 분해의 난이도 때문이다. 카테킨의 산화 작용이 평탄하다가 격렬해짐에 따라 차청의 향기는 녹색 계열의 향에서 꽃 계열의 향으로 천천히 전환된 다음, 다시 점차 화과(花果) 계열의 향으로 발전한다. 향기와 카테킨 산화 사이에는 이렇게 밀접한 관련이 있기 때문에 제다사는 차를 만들 때 향기의 변화를 관찰하여 찻잎 안의 카테킨과 기타 성분의 산화 상태를 정밀하게 관찰할 수 있고, 이를 기반으로 제다 과정에서 적절한 대응 동작을 결정할 수 있다.

따라서 만약 찻잎에서 장미 향이나 화과향(花果香)* 같은 향기 유형을 높이고자 한다면 액포막의 투과성을 높여서 카테킨이 산화효소와 대량으로 결합할 수 있도록 하고, 이로써 전환되기 어려운 다마세논** 등의 물질이 생성되도록 하면 된다. 반대로, 만약 찻잎으로 하여금 맑고 신선한 초화향(草花香)을 보존하게 하고 싶을 때는 찻잎의 액포막 손상을 줄여 액포막이 그 차단성을 충분히 유지하도록 한다. 이로써 카테킨의 산화-환원 작용에 의해 비교적 쉽게 유도되는 이오논이 소량만 방출되도록 할 수 있다.

이로써 제다 과정에서 찻잎의 산화도를 완벽하게 조절하기 위한 가장 우선적인 원칙은 찻잎의 향기 변화를 정확히 파악하는 것임을 알 수 있다. 제다사는 사람들이 느낄 수 있는 차청의 향기를 파악함으로써, 차청 내에서 일어나는 눈에 보이지 않는 다양한 생화학 반응을 추정하고, 그 후 정밀한 조절을 통해 차의 색 향미가 동시에 모두 예상한 방향으로 나아가도록 해야 한다. 이는 마치 한 편의 절묘한 찻잎 마법 공연을 지휘하는 것과도 같다.

---

* 화과향(花果香) : 과일이나 꽃에서 나는 달콤하고 상쾌한 향. 화향(花香)과 과향(果香)이 어우러진, 달콤하면서도 산뜻한 향. 대만의 고품질 고산 우롱차 등 청향 계열의 차향을 설명할 때 많이 쓰이는 용어 – 역자 주

** 다마세논(damascenone) : 장미향의 핵심 성분으로, 주로 장미꽃에서 추출되는 케톤류 화합물. 장미 외에 자두, 포도 등에서 달콤하고 풍부한 향을 내는 데 중요한 역할을 하며, 향수·식품·의약품 등 다양한 분야에서 널리 활용된다. - 역자 주

4.2.2 글리코사이드 가수분해효소가 촉진하는 향기 방출

차의 향기는 카테킨의 산화-환원 작용이 촉진하는 측면 외에, 글리코시다아제(glycosidase)*가 촉진하는 향기 방출도 있는데, 이것은 차 향기 마법의 제2식(式)이다. 글리코사이드 가수분해효소가 방출을 촉진하는 이런 향기 분자들은 찻잎이 아직 차나무에서 자라고 있을 때 이미 합성되어 찻잎 내부에 예비 무기 형태로 저장되어 있다가, 식물이 피해를 입을 경우 즉시 방출되는 일련의 방어 체계를 가동한다. 따라서 평소 이러한 향기 분자들은 우선 글리코사이드와 결합한 형태로 독성을 낮추는 동시에 카테킨과 마찬가지로 액포 내부에 격리되어 예비 무기로 저장된다. 식물의 잎이 곤충에 물리는 등 찢어지는 손상을 입게 되면 이러한 글리코사이드에 결합되어 있던 향기 분자들이 상처의 발생으로 인해 액포의 격리 상태에서 벗어나 세포벽에 존재하는 다량의 글리코사이드 가수분해효소와 결합하게 되고, 글리코사이드와 향기 분자 사이의 결합이 절단된다. 그동안 결합 상태로 묶여 있던 향기 분자들은 해방되고, 석방된 향기가 방어 효과를 나타낸다.

이렇게 글리코사이드에 결합된 향기 분자는 세포벽 상의 효소에 의한 해방이 필요하기 때문에, 우리는 유념(揉捻) 과정을 통해 두 성분이 서로 접촉할 수 있는 계기를 만들어 주어야 한다. 또 정치(靜置)** 과정을 통해 적절한 반응 시간을 제공해야만 이러한 향기 분자가 비로소 방출될 수 있는 기회를 얻을 수 있고, 그런 뒤에야 마침내 사람들은 찻잎 속에 숨겨져 있던 이 향기를 비로소 맡

---

* 글리코시다아제(glycosidase) : 배당체가수분해효소(配糖體加水分解酵素), 또는 글리코사이드 가수분해효소(glycoside hydrolases) - 역자 주

** 정치(靜置) : 제다 공정 중 찻잎을 채반 등에 펴서 널어놓고 가만히 놔두는 공정 – 역자 주

온전한 잎 세포

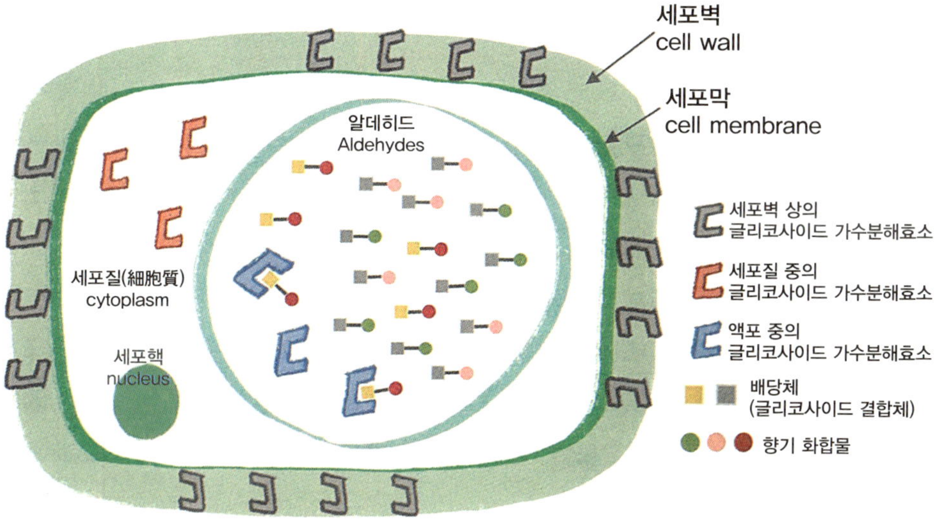

을 수 있게 된다. 그런데 이러한 종류의 향기 분자는 매우 다양하고 그 향기의 분포 범위도 매우 넓다. 예를 들어 풀 향과 멜론 껍질 향을 가진 3-헥세놀(3-hexenol), 꽃 향을 지닌 리날룰 옥사이드(linalool oxides)와 페닐에틸 알코올(phenylethyl alcohol), 그리고 화과향을 띠는 게라니올(geraniol)과 벤질 알코올(benzyl alcohol) 등은 글리코사이드 사슬을 이루기 쉬운 향기 분자들로, 이들은 오랜 시간 유념(揉捻) 과정을 거치는 차류에서 차 향기를 증가시키는 핵심적인 역할을 담당한다.

홍차 제조 과정에서는 찻잎이 오랜 시간 유념(揉捻)을 거치고, 세포가 파괴된 후에도 비교적 긴 정치라는 제다 과정을 거치기 때문에, 이러한 글리코사이드 사슬형 향기 물질들이 찻잎 마법의 제2식를 통해 차례로 발산될 수 있다. 이러

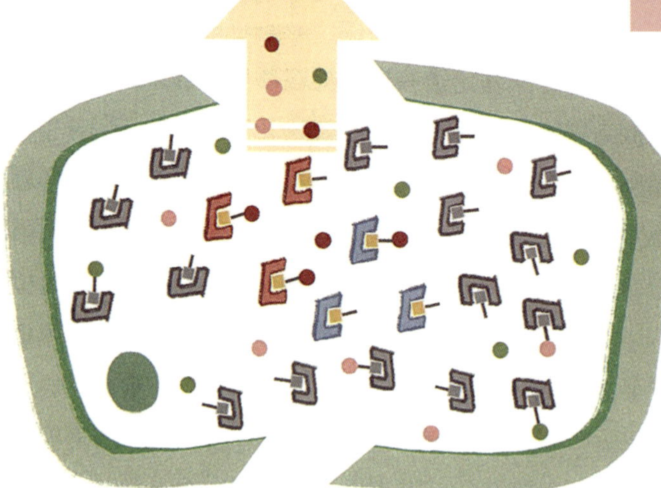

손상된 잎 세포

유념(揉捻) / 파쇄(破碎)

향기 방출

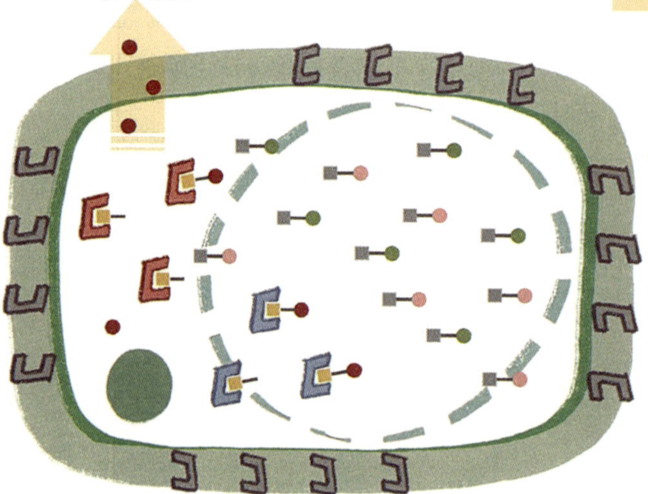

액포만 손상된 잎 세포

교반(攪拌, 室内萎凋)

글리코사이드 가수분해효소가 촉진하는 향기 방출

한 향기 성분들은 차의 최종적인 향기를 한층 끌어올릴 뿐만 아니라, 제다사가 찻잎이 받은 스트레스 정도와 산화(발효) 상태를 판단하는 지표로도 활용할 수 있다. 반면에 포종차(包種茶)의 경우 유념의 과정을 거치기는 하나 유념 후 글리코사이드 가수분해효소가 작용할 수 있는 계기가 모자라기 때문에, 이러한 향기 생성 경로는 자연히 쉽게 발생하기 어렵다.

글리코사이드 가수분해효소에 의해 방출되는 향기는 본래 찻잎 내부에 이미 존재하던 글리코사이드 사슬형 향기 성분에서 비롯된 것이기 때문에, 찻잎을 채엽할 때 이러한 글리코사이드 사슬형 향기 물질이 충분히 존재하지 않으면 제다 과정에서 아무리 노력하더라도 최종적인 차에서 일정한 향기 농도에 도달하기가 어렵다. 또 이러한 향기 방출 과정은 충분한 양의 글리코사이드 가수분해효소가 존재해야만 제다 기간 안에 원료 속의 글리코사이드 사슬을 하나씩 절단할 수 있다. 따라서 글리코사이드 가수분해효소의 활성도와 함량은 이러한 유형의 향기가 방출되는 두 번째 핵심 요인이 된다. 글리코사이드 사슬형 향기 성분의 함량이든, 혹은 글리코사이드 가수분해효소의 상태이든, 찻잎 향기 마법의 제2식을 결정하는 이 두 가지 핵심 요인은 주로 차청 자체의 조건 상태에 달려 있으며, 제다 기술에 의한 영향은 상대적으로 적다. 따라서 찻잎이 나무 위에서 겪는 생장의 과정과 풍토적 조건이 이러한 유형의 향기 형성에서 더욱 중요한 역할을 한다.

4.2.3 역경에 의해 유발되는 방어성 향기 합성

차나무에는 앞서 언급한 카테킨과 글리코사이드 사슬형 향기 분자라는 두 가지 방어 메커니즘 외에, 탈수·저온·자외선 등과 같은 환경적 역경에 직면했을 때 생성되어 방어 및 저항 신호로 쓰이는 또 하나의 향기 분자가 있다. 이러한 향기 분자는 마치 전쟁터의 봉화(烽火)와 같이 차나무가 역경에 직면하기 전에 필요한 대비를 미리 할 수 있도록 하고, 이어지는 일련의 후속 역경 방어 메커니즘을 시작하게 만든다. 이처럼 역경에 의해 유도되는 향기 신호에는 인돌(indole), 자스민 락톤(jasmine lactone), 네롤리돌(nerolidol) 등이 포함되어 있으며, 오렌지꽃·자스민·치자꽃·백합·라벤더 등 사람을 유쾌하고 기쁘게 하는 향기 분자를 가지고 있다.

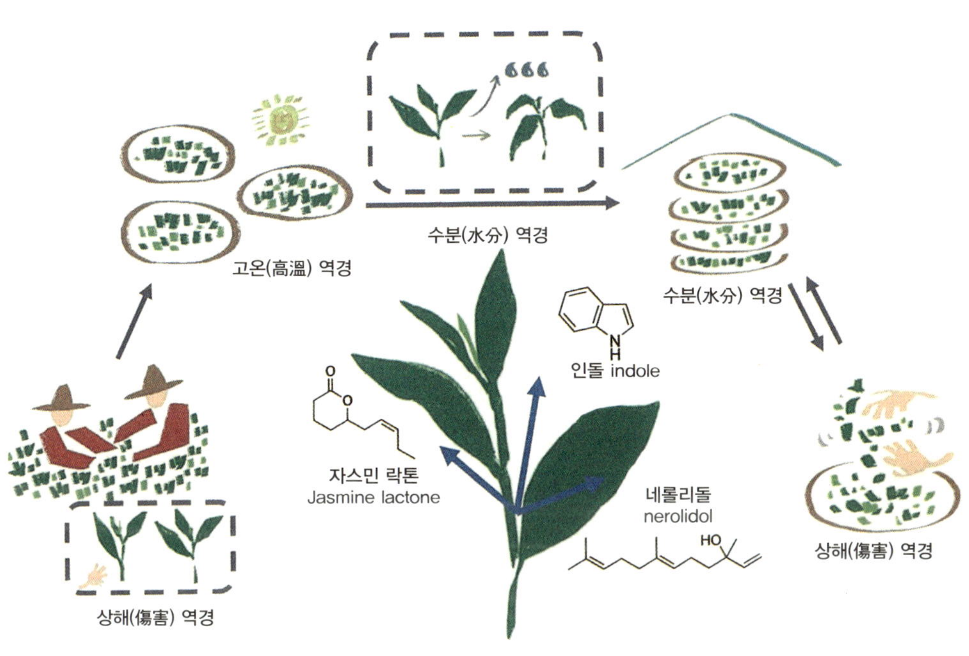

역경이 유발하는 방어성 향기 합성

찻잎은 나무에서 채엽된 후에도 심하게 손상되기 전까지는 여전히 상당한 생화학적 활력을 유지하고 있으며, 의연하게 다양한 역경에 대응하는 메커니즘을 생성할 수 있다. 따라서 제다 과정에서 차청의 수분 손실과 손상이 일정 수준에 도달함과 동시에 자연스럽게 이러한 특수한 향기의 생성이 유도될 수 있는데, 이는 차청이 완전히 활력을 잃을 때까지 계속된다. 이처럼 차청이 여전히 활력을 유지하고 있는 황금 시간대에 제다사는 습도·온도·일조(日照) 조건 등 다양한 외부 역경 요인을 조절함으로써, 차청이 제다 과정 중에 여러 원료 상태로부터 점차 이러한 역경 향기를 생성하도록 유도할 수 있다. 이 기술이 바로 '차 향기 마법의 제3식'이다.

역경의 정도가 이러한 역경 방어성 향기를 유발하기에 충분하지 않을 때, 찻잎은 다만 주로 풋내가 나는 향기를 생성하는 반응만을 진행할 수 있다[녹차]. 그러나 유념이나 파쇄와 같은 고도로 파괴적인 역경을 받게 되면, 차청은 활력을 잃어 생화학 반응을 할 수 없게 되고, 제3식의 마법을 수행하는 능력을 상실한다. 하지만 그 대신 글리코사이드 가수분해 반응으로 전환되어 제2식 마법의 향기를 생성할 수 있다[홍차]. 부분발효차는 위조(萎凋)와 교반(攪拌)* 이라는 핵심 제다 공정을 거치는데, 차청이 오랫동안 상당한 활력을 유지한다는 전제하에서, 적절한 교반과 정치 과정을 통해 알맞은 강도의 역경을 만들어내고, 찻잎 향기 마법의 제3식을 완벽하게 활용하여 홍차와는 전혀 다른 특별한 꽃 향을 펼쳐낸다.

---

* 교반(攪拌) : 대만의 우롱차 제다 과정 중, 채반 위에 찻잎을 올려 흔들고 뒤섞어주는 과정 – 역자 주

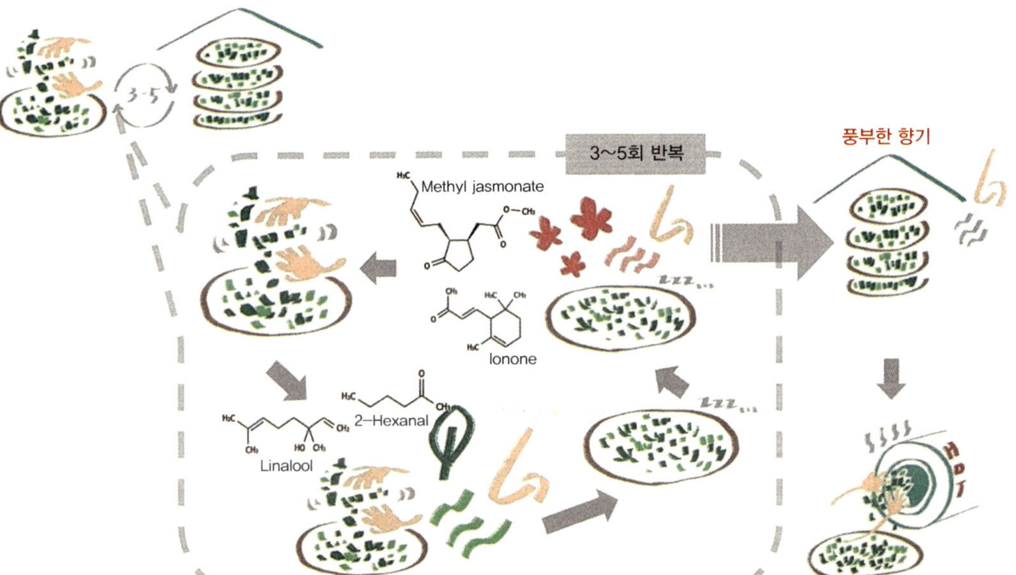

실내위조(室内萎凋), 정치(靜置), 교반(攪拌)
3~5
3~5회 반복
Methyl jasmonate
Ionone
2-Hexanal
Linalool
풍부한 향기

이러한 역경(逆境)에 의해 유발되는 향기 전환 과정에서는, 차청도 역경의 정도 차이와 지속 시간에 따라 서로 다른 향기 변화를 형성하게 된다. 예를 들어, 역경에 의해 유발된 지질(脂質) 산화는 역경 발생 시에 먼저 풋내가 나는 2-헥세날(2-hexanal)과 3-헥세놀(3-hexenol)을 생성할 수 있고, 이후 다시 꽃향기를 지닌 시스-자스몬(cis-jasmone)과 메틸 자스모네이트(methyl jasmonate) 같은 향기 분자를 생성할 수 있다. 앞의 두 가지 향기 마법과 마찬가지로, 향기의 전환은 모두 먼저 풋내가 나는 분자부터 형성되고, 나중에 다시 기타 꽃향기가 형성되어 차청의 역경 상태를 하나하나 충실히 반영한다. 이로써 또다시 제다사에게는 제다 공정 조정을 위한 또 다른 판단의 단서를 제공한다.

이러한 역경에 의해 유발된 특수한 향기는 제다 과정에서 적절한 역경 자극을 받아 차청 속에서 원료로부터 점차 제조되어 생성된 것이기 때문에, 글리코사이드 가수분해효소에 의해 방출되는 향기와는 달리, 단지 차나무의 생장 과정에서 속박되어 있던 향기를 하나하나 방출할 뿐이다. 따라서 원료의 양, 역경의 종류, 역경의 지속 시간, 역경이 발생할 때 세포의 활력 상태 등 여러 요소를 동시에 고려해야 하는데, 이는 찻잎의 생장부터 제다 과정에 이르기까지의 모든 단계를 포함한다. 그러므로 차밭에서 어떻게 적절한 원료를 생산하고, 어떤 시점에 채엽을 하며, 제다할 때 어떠한 방식으로 알맞은 역경을 부여하느냐가 모두 이러한 향기의 함량에 영향을 끼치는 조건이 된다.

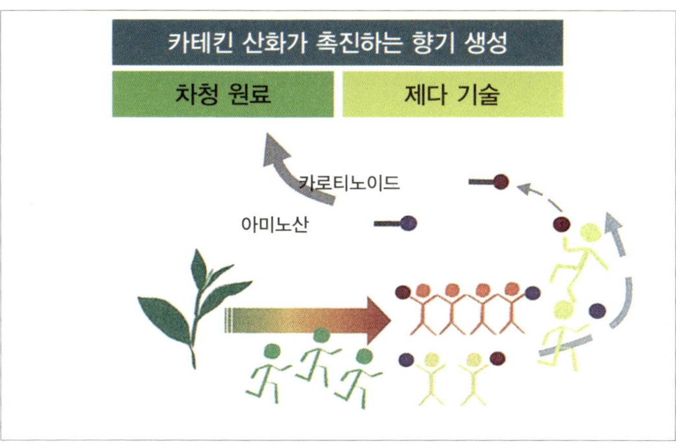
카테킨 산화가 촉진하는 향기 생성
차청 원료
제다 기술
카로티노이드
아미노산

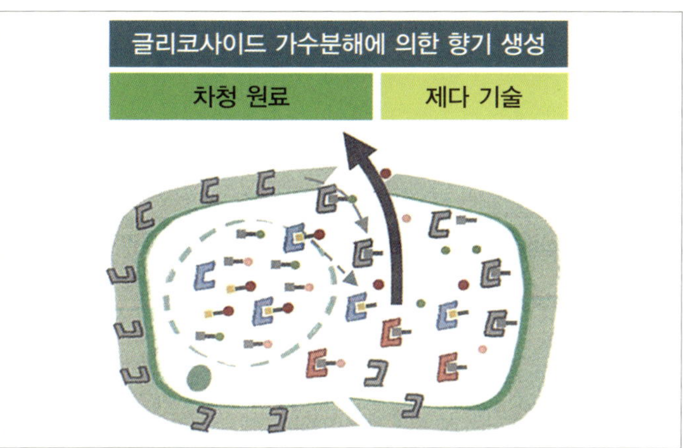
글리코사이드 가수분해에 의한 향기 생성
차청 원료
제다 기술

역경에 의한 향기 생성
차청 원료
제다 기술

향기 마법의 제3식에 영향을 미치는 요소는 매우 복잡하며, 또 이를 제1식 마법이나 제2식 마법과 결합하여 응용할 수도 있기 때문에, 차의 마법을 구현하는 난이도가 크게 높아진다. 세 가지 마법을 어떻게 겹쳐 활용하여 차의 풍미를 더욱 풍부하게 할 것인지, 예로부터 일부 발효차 제다사들에게 주어진 도전이었다. 그들은 자유로운 상상력을 발휘하고, 또 차 향기 마법에 대한 깊은 깨달음을 결합하여, 부분발효차의 제다 기술을 한 단계 한 단계 더욱 완벽한 경지로 이끌어 나갔다.

5. 찻잎 풍미의 마법을 파악하는 핵심 법칙

찻잎의 향기는 종류가 매우 다양하고, 또 생성의 메커니즘도 복잡하며, 동일한 종류의 향기 분자가 때로는 두 가지 이상의 메커니즘에 의해 유발되기도 한다[예를 들어 엽알코올(3-hexenol) 의 경우, 역경에 의해 유발되는 지질 산화 과정에서 생성되기도 하고, 또는 글리코시다아제에 의해 글리코시드 전구체를 가수분해함으로써 생성되기도 한다]. 이로 인해, 차의 향기 생성 원리를 명확하게 분석하는 일은 예로부터 매우 어려운 과제였다. 그러나 그 생합성 경로가 어떠하든 간에, 이러한 향기 물질들은 통상 찻잎이 역경에 임기응변하면서 생겨나는 경우가 많다.

카테킨이 역경을 받아 진행되는 산화 작용을 시작점으로 하고, 진일보하여 일련의 후속적인 화학 변화를 유발하여, 최종적으로 차의 향기를 파생시키는 경우이든, 혹은 세포가 심하게 손상되어 본래 글리코사이드 형태로 결합되어 있던 방어준비용 저장형 향기 분자가 세포벽에 존재하는 글리코시다아제와 접촉함으로써 방출되는 향기이든, 또는 여전히 세포 활력을 갖춘 상태에서 역경에 대응하기 위해 제조되기 시작하는 역경 향기 분자이든 간에, 이 모든 것은 찻잎이 서로 다른 종류의 역경에 직면했을 때 나타나는 다양한 반응들이다. 제조 과정의 마지막 단계에서, 이러한 향기들은 살청, 건조, 홍배 등 여러 가지 열처리를 거치면서도 모두 각각의 풍미 물질에 다양한 영향을 미치게 되어, 결국 최종적인 차 향기의 스타일로 고정된다.

비록 우리가 육안으로 차청 내부에서 일어나는 산화 단계의 다양한 마법적 변화를 직접 관찰하기는 어렵지만, 차청이 역경을 받을 때 내부 성분들이 변화하는 여러 메커니즘들은 각각 고유한 법칙을 따르며, 또한 피차 서로 긴밀하게 영향을 주고받는 상당히 긴밀한 관계를 갖는다. 이러한 이유로, 제다사는 향기의 변화 과정을 감지하여 차청 내부에서 진행되고 있는 여러 가지 '마법'을 엿볼 수 있으며, 결정적인 순간에 이를 조절함으로써 각 찻잎이 가진 서로 다른 개성에 따라 차청 내부 성분이 가장 완벽한 균형 상태에 도달하도록 만들 수 있다. 마지막에는 가열 건조를 통해 그 향기를 봉인하고, 더 나아가 홍배 과정에서 향의 풍채(風采)를 더하게 된다.

제다사는 이러한 차 마법의 연출자이자, 또 역경의 변화 방향을 주관하고 제어하는 결정자이다. 매번의 제다 과정에서 제다사도 비록 정밀한 계산을 지속적으로 수행하지만, 각종 차의 마법을 움직이게 하는 원동력(역경)은 서로 동일하기 때문에, 더 많은 향기를 만들어내기 위해서는 필연적으로 더 많은 역경의 부여와 카테킨의 산화가 수반되어야만 한다. 이때 상대적으로 더 많은 색택(色澤)의 변화가 파생될 수 있고, 동시에 쓰고 떫은 맛을 내는 물질은 상대적으로 적게 남는다. 반대로 차탕의 푸른색을 유지하고자 할 때는 산화 공정 때문에 차탕의 쓰고 떫은 맛을 줄이기가 필연적으로 어렵고, 동시에 꽃향기와 과일 향을 만들어내기에 적합한 제다 프로그램을 진행하기도 쉽지 않다. 이로 인해 비록 우리가 색향미를 조절할 수 있는 제다의 마법을 지니고 있다 하더라도, 가장 이상적인 제다 공정의 종료 시점에는 본질적으로 벗어날 수 없는 일정한 한계의 틀이 여전히 존재한다. 이때는 찻잎의 타고 난 개성을 바꾸는 데서 착수할 수밖에 없으며, 다양한 경지 관리와 재배 기술을 응용하여 마법을 펼치기에 적합한 차청 원료를 만들어야 한다. 그런 뒤에야 제다사는 바로 이 무대 위에서 자신이 꿈꾸는 그 한 잔의 절묘한 좋은 차를 드러내 보일 수 있다.

6.

찻잎 풍미의 마법지도

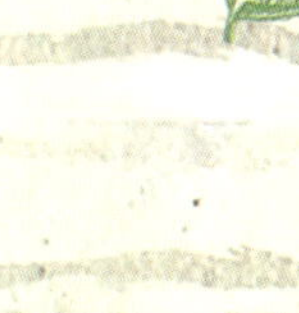

비록 서로 다른 마법을 응용함으로써 천차만별인 차의 색향미를 창조할 수 있지만, 각 종류의 차들은 여전히 사람들에게 이미 정해진 이미지를 가지고 있다. 이것은 주로 차의 종류마다 고유한 산화 공정이 있고, 제다 과정 중에 찻잎의 액포막·세포막·세포벽의 온전한 정도가 서로 다르게 만들어지기 때문이다. 동시에 서로 다른 특정한 홍배(烘焙) 가공이 뒤를 이어 더해지면서 각 차류의 특정한 풍격이 한층 더 정형화된다.

차의 색향미를 통해 그것이 어떤 종류의 차인지 판단하고, 그 제조 과정의 이력을 파악하며, 더 나아가 그 안에 완벽하지 않은 부분은 없는지, 혹은 제다사가 정성을 기울인 기발한 아이디어가 들어 있지는 않은지 판단할 수 있는 방법은 많은 이들이 매우 배우고 싶어 할 것이다. 이에 우리는 그림으로 해설하는 방식을 통해 '차의 마법지도'를 제작하였다. 이를 통해 차의 각종 마법을 하나하나 재차 분해하고, 아울러 차의 풍미와 결합하여 해설하였다. 또 서로 다른 차 종류별로 차의 핵심 부위(액포막, 세포막, 세포벽)의 온전성과 차의 색향미 사이의 관계를 결합하여 시각적으로 하나씩 보여줌으로써, 누구나 빠르게 그림을 보고 차의 풍미를 분석하고 추론할 수 있는 방법을 제공하였다. 아마 이러한 해석 방식을 응용하면 각종 차에 담긴 신비를 보다 쉽게 파악할 수 있을 것이다.

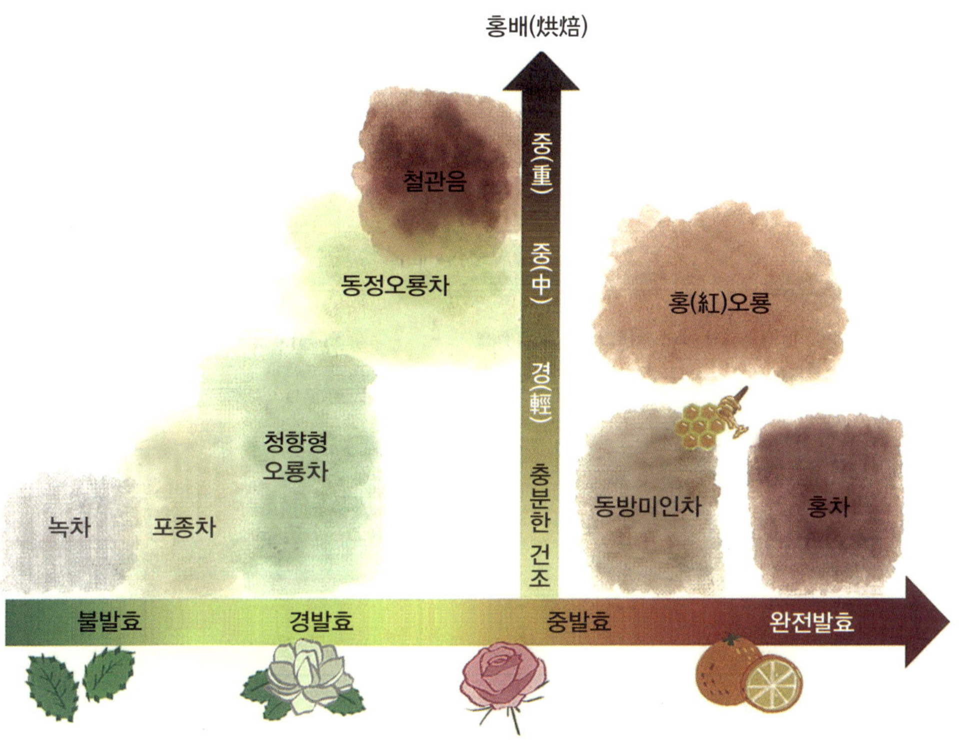
홍배(烘焙)
중(重)
중(中)
경(輕)
충분한 건조
철관음
동정오룡차
홍(紅)오룡
청향형
오룡차
녹차
포종차
동방미인차
홍차
불발효
경발효
중발효
완전발효

녹차 제작 공정

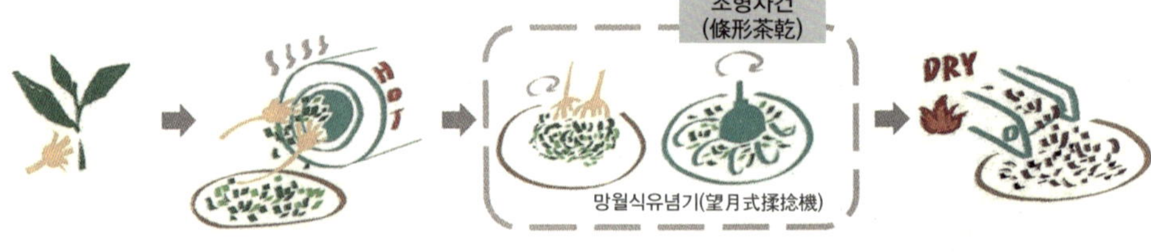

차청 채취 살청[炒菁] 유념(揉捻) 건조

청향형(清香型) 부분발효차 및 동정오룡(凍頂烏龍) 제작 공정

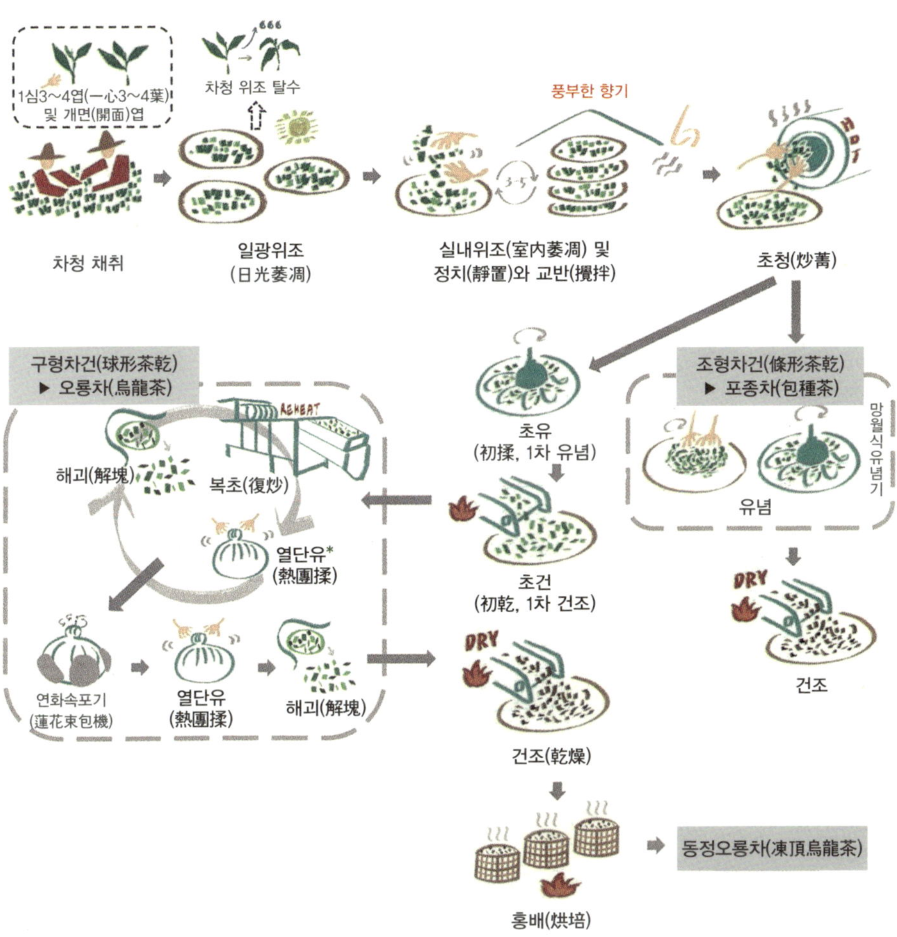

* 열단유 : 뜨거운 상태의 찻잎을 보자기 안에서 유념하는 것 - 역자주

전통 철관음(鐵觀音) 제작 공정

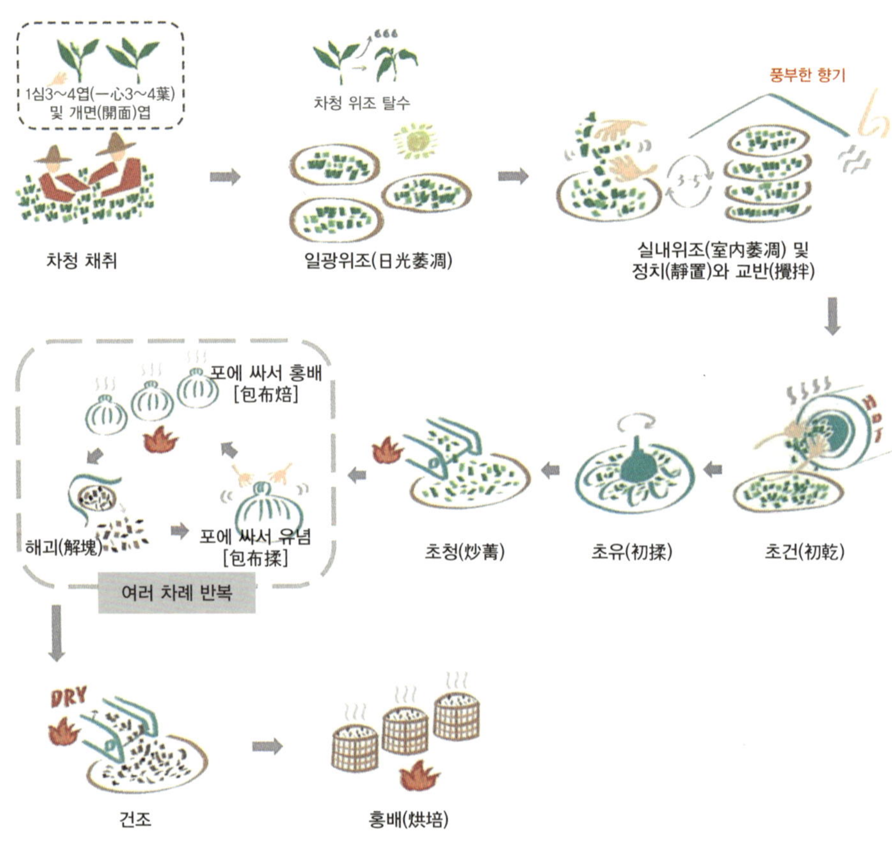

동방미인차(東方美人茶) 제작 공정

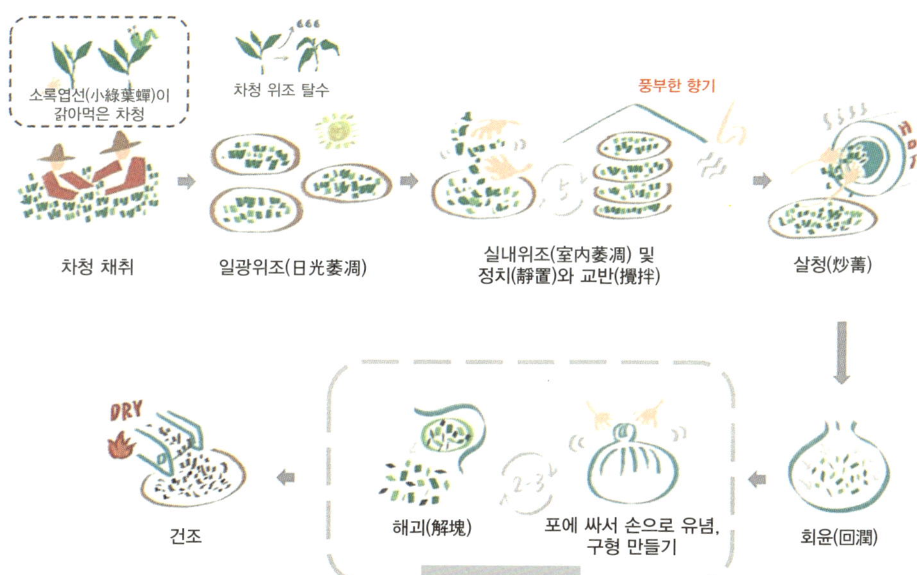

홍오룡(紅烏龍) 제작 공정

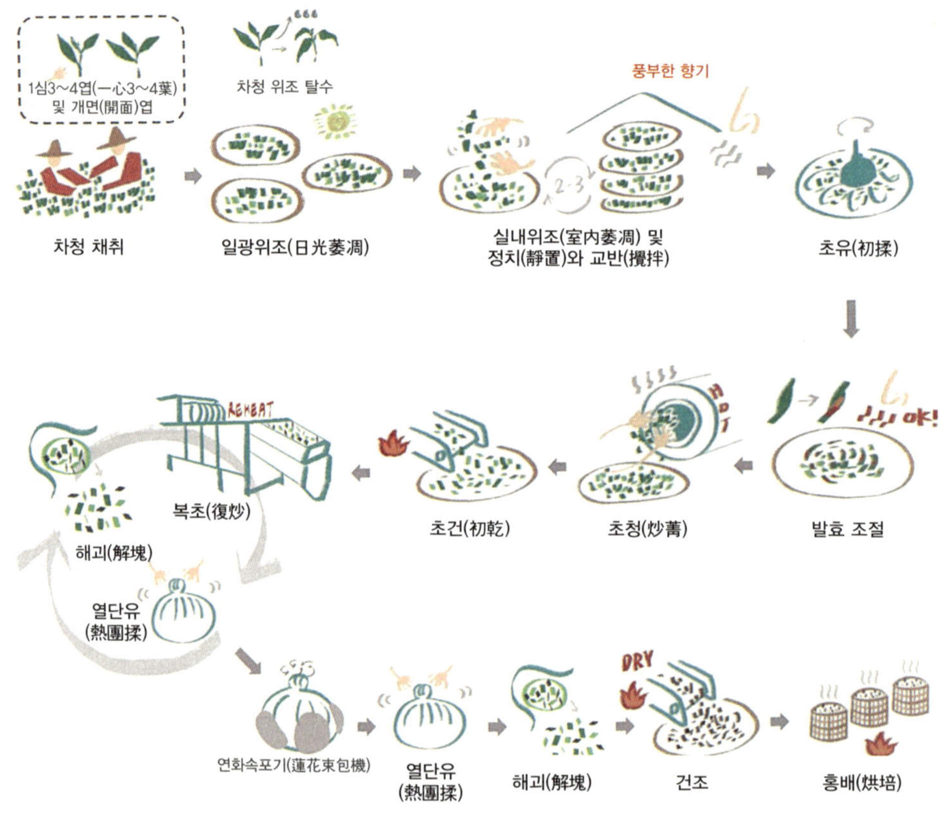

1심3~4엽(一心3~4葉)
및 개면(開面)엽
차청 위조 탈수
풍부한 향기
2-3
차청 채취
일광위조(日光萎凋)
실내위조(室內萎凋) 및
정치(靜置)와 교반(攪拌)
초유(初揉)
AGHEAT
HOT
OK!
복초(復炒)
해괴(解塊)
열단유
(熱團揉)
초건(初乾)
초청(炒菁)
발효 조절
DRY
연화속포기(蓮花束包機)
열단유
(熱團揉)
해괴(解塊)
건조
홍배(烘培)

홍차 제작 공정

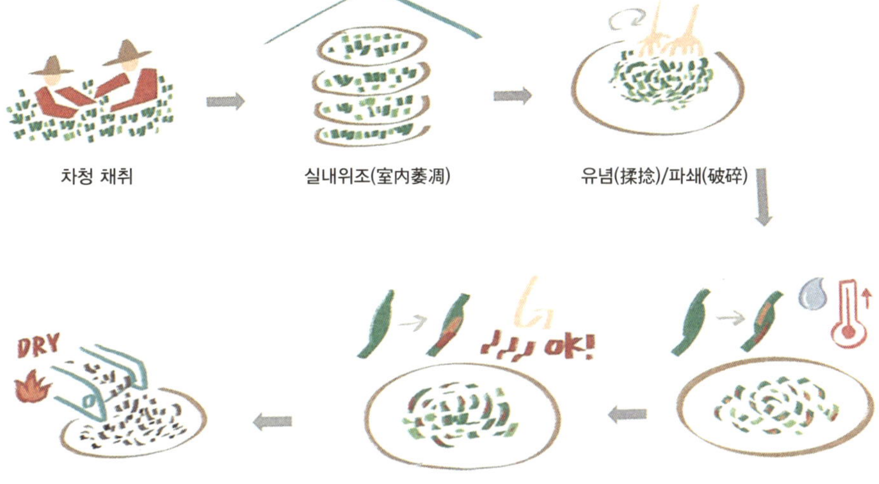

6.1 찻잎 마법지도의 활용법

마법지도

마법지도는 안쪽에서 바깥쪽으로, 차의 풍미를 만들어 내는 제조 과정의 원인과 그에 대응하는 풍미의 종류를 순서대로 나타낸 것이다.

마법지도 그림 설명

찻잎의 OXOX 마법지도

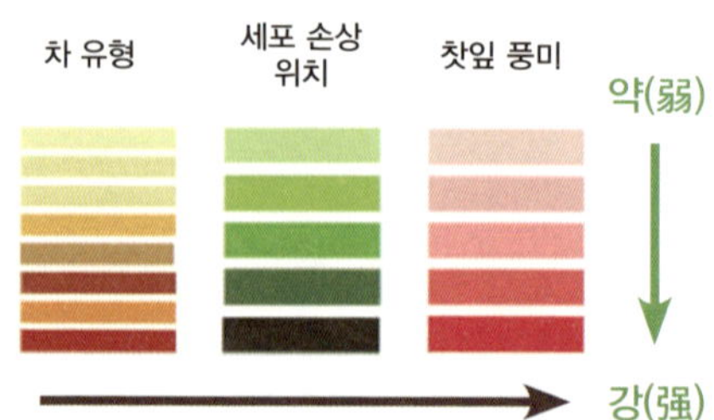

풍미 또는 손상 강도

마법지도에서 세포 손상 강도와 풍미 강도를 나타내는 색상 블록은 위에서 아래로 갈수록 점차 강해진다. 동일한 원 내의 색상 블록 강도는 해당 범례의 제다 과정 정도 혹은 풍미의 강약에 대응한다.

안쪽 원에서 바깥쪽 원으로

마법지도의 색상 고리는 안쪽에서 바깥쪽으로 차류의 종류, 세포 손상 위치, 차의 풍미 및 기타 정보에 순서대로 대응한다. 대응하는 풍미 지도를 볼 때, 중심에서 바깥쪽으로 따라가면 각 항목이 어떤 범례에 해당하는지 빠르게 파악할 수 있다.

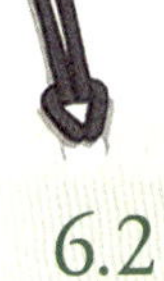

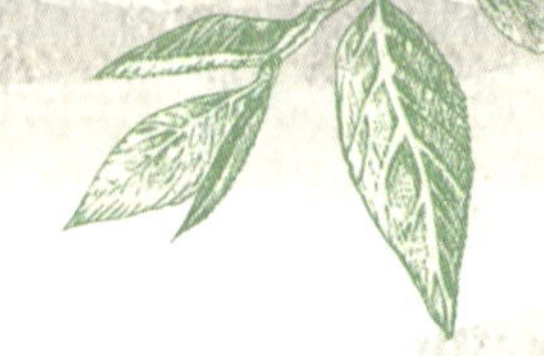

6.2 찻잎의 세포 상태 마법지도

사용 팁 : 수분 함량은 찻잎 제조 과정에서 액포막과 세포막의 안정성에 영향을 미치는 가장 중요한 요소이다. 수분이 많이 손실되면 손실될수록 막의 안정성은 곧바로 더욱 낮아지고, 카테킨의 산화 정도가 높아지기 쉽다. 그리고 세포벽의 완정도(完整度)는 주로 찻잎이 유념되고 파쇄되는 정도에 따라 결정된다.

찻잎 세포 상태 마법지도

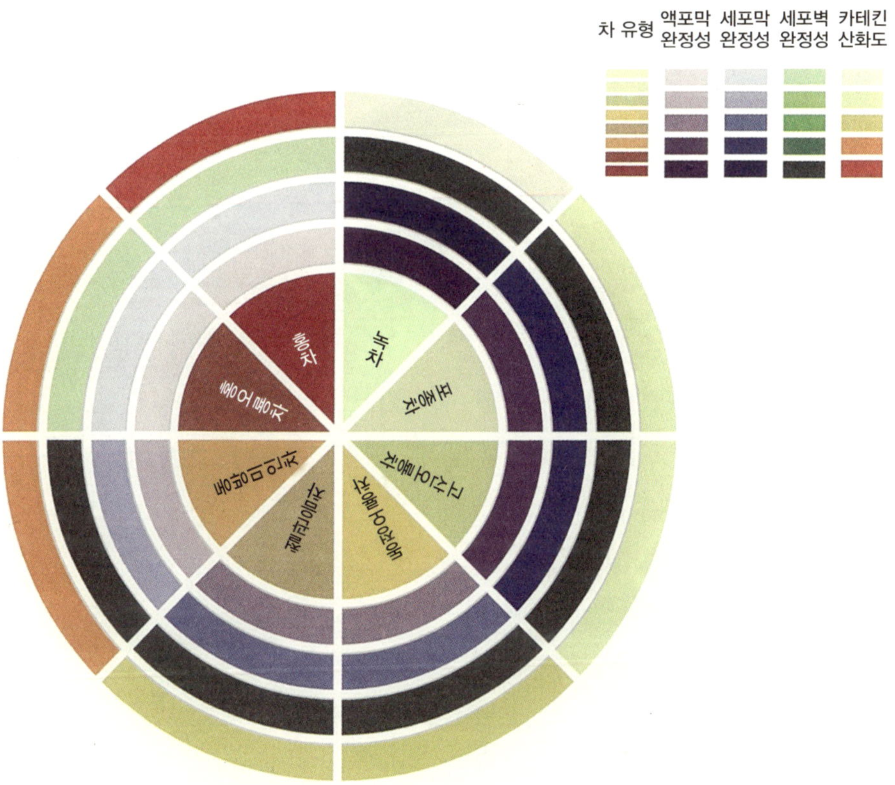

차 유형
액포막 완정성
세포막 완정성
세포벽 완정성
카테킨 산화도
녹차
포종차
고산오룡차
동정오룡차
철관음차
동방미인차
홍오룡차
홍차

6.3 찻잎의 색과 맛 마법지도

사용 팁 : 액포막 완정성이 낮아지면 카테킨 산화를 야기하는데, 동일한 잎의 액포막 완정성이 낮을수록 카테킨이 산화될 기회는 더 커지고 차탕의 색은 더 쉽게 노란색과 빨간색으로 변한다. 카테킨 함량이 줄어들면 곧 쓰고 떫은 맛은 감소한다.

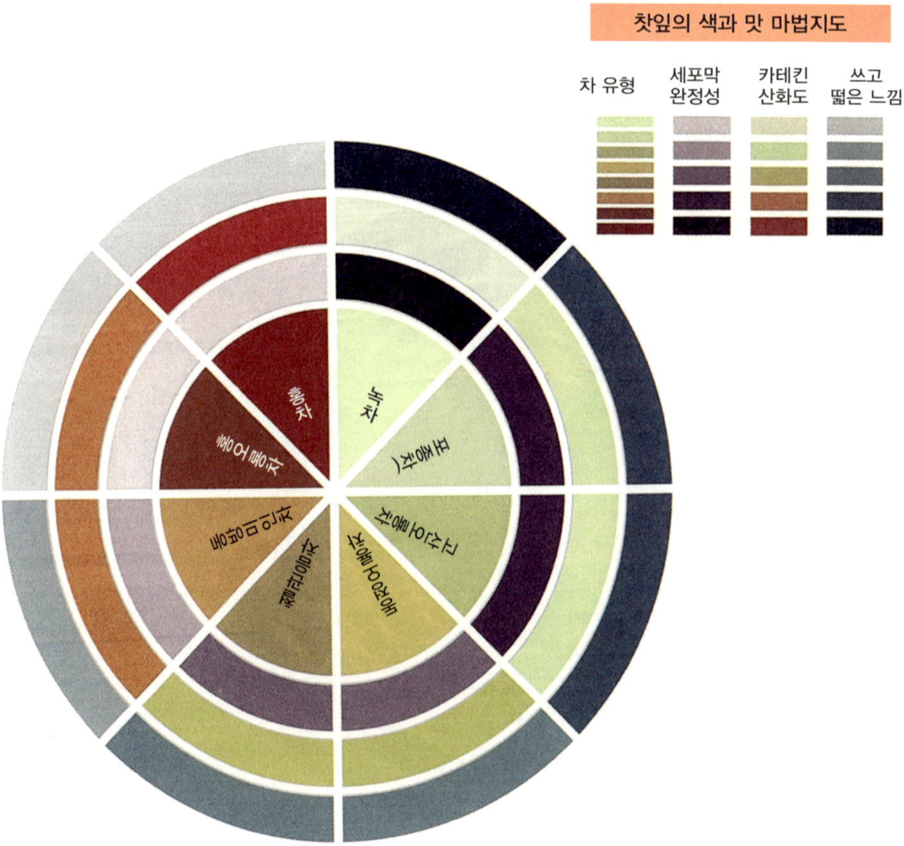

찻잎의 색과 맛 마법지도

차 유형
세포막 완정성
카테킨 산화도
쓰고 떫은 느낌

녹차
포종차
고산우롱차
동정우롱차
철관음차
동방미인차
홍우롱차
홍차

6.4 찻잎의 카테킨이 촉진하는 향기 마법지도

사용 팁 : 액포막 완정성이 점차 낮아질수록 카테킨 산화·환원에서 제공되는 에너지가 곧바로 더 커지기 때문에 향은 곧 찻잎 고유의 풀 향과 자극적인 향에서 점차 꽃 향과 과일 향으로 변한다.

차 카테킨이 촉진하는 향 마법지도

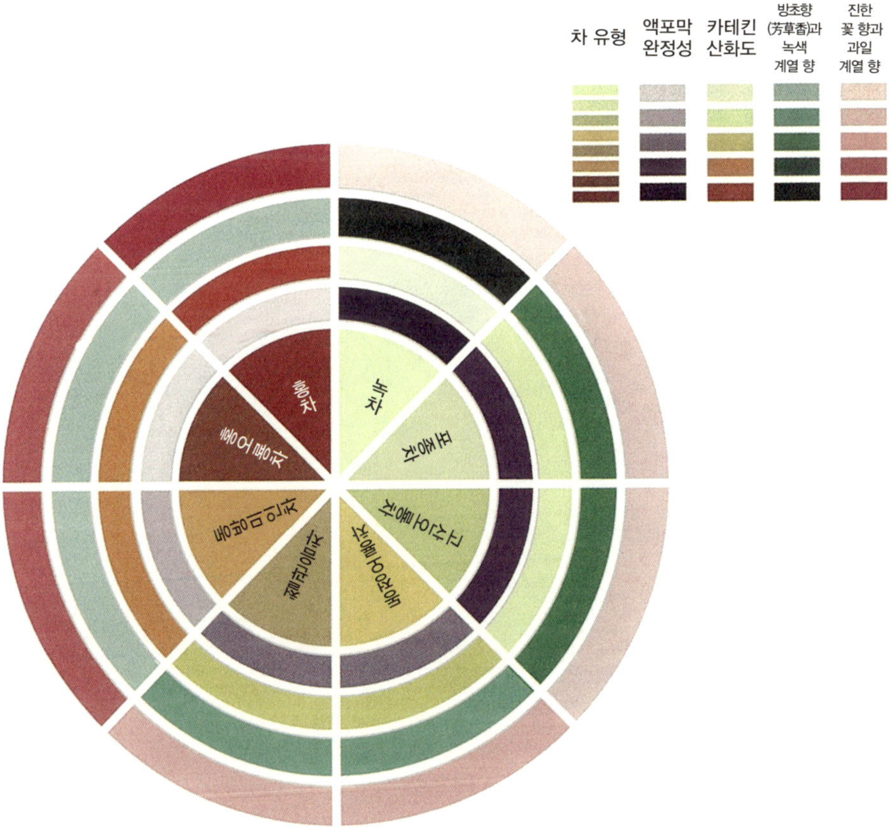

차 유형
액포막 완정성
카테킨 산화도
방초향(芳草香)과 녹색 계열 향
진한 꽃 향과 과일 계열 향

녹차
포종차
고산오룡차
백호오룡차
철관음차
동방미인차
홍오룡차
홍차

6.5 찻잎의 글리코사이드 가수분해 향기 마법지도

사용 팁 : 세포벽 완정성이 낮아지면 글리코시다아제가 글리코사이드 사슬의 향 전구체에 접촉하게 할 수 있다. 세포벽 손상이 클수록 반응 시간이 더욱 충분해지고, 익은 과일 계열의 향이 더욱 완정하게 방출된다.

차 글리코사이드 가수분해 향 마법지도

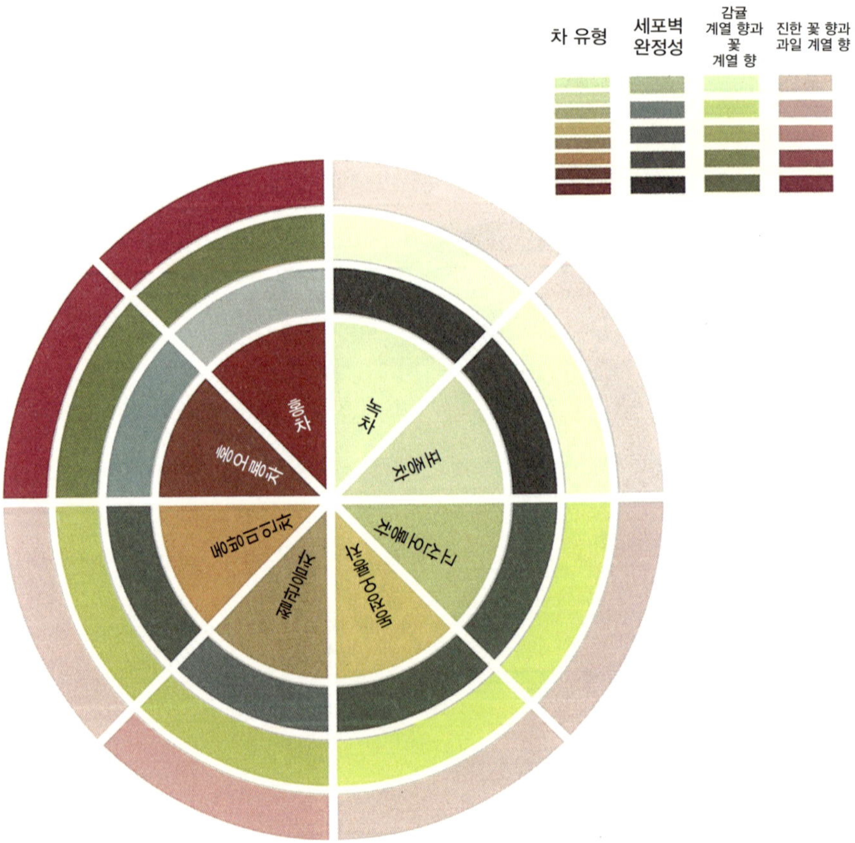

차 유형
세포벽 완정성
감귤 계열 향과 꽃 계열 향
진한 꽃 향과 과일 계열 향

홍차
녹차
포종차
고산오룡차
농향오룡차
철관음차
동방미인차
홍오룡차

6.6 찻잎의 역경이 유발하는 향기 마법지도

사용 팁 : 세포막 완정성이 낮아지면 역경 향기의 반응을 일으키는데, 역경이 강할수록 방초(芳草) 향은 약해지고 꽃 향은 강해진다. 하지만 세포막의 완정도가 지나치게 낮아지면 곧바로 역경의 향을 생성할 수 있는 에너지를 잃게 된다.

찻잎의 역경이 유발하는 향 마법지도

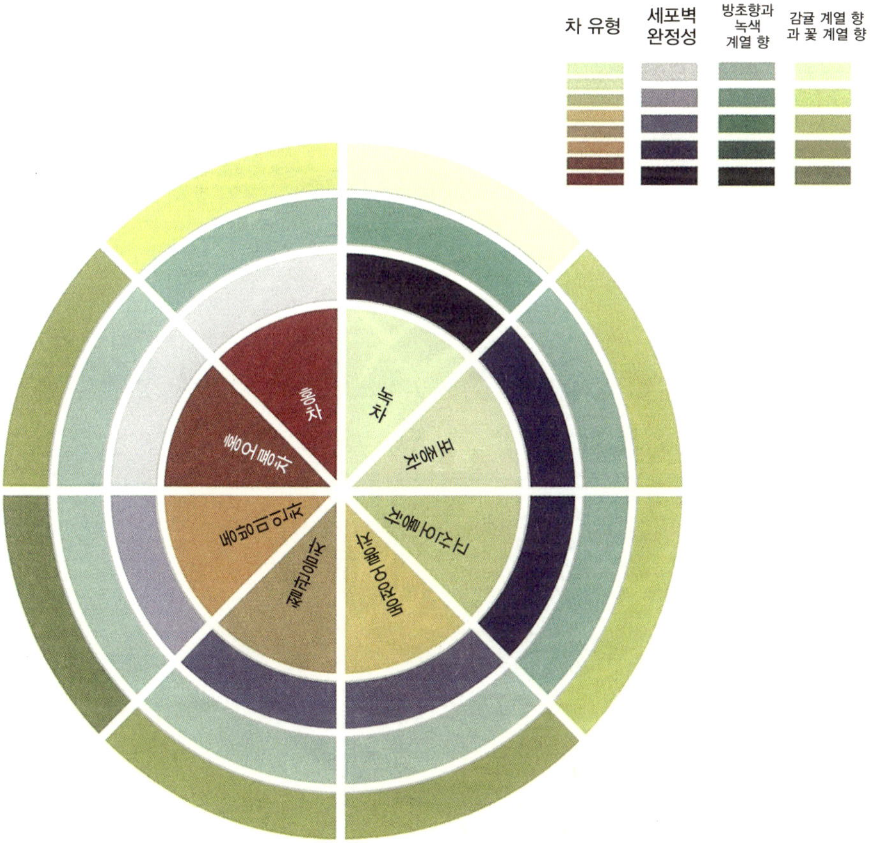

차 유형	세포벽 완정성	방초향과 녹색 계열 향	감귤 계열 향과 꽃 계열 향

녹차
포종차
고산우롱차
동정우롱차
철관음차
동방미인차
홍우롱차
홍차

6.7 찻잎의 풍미 마법지도

우리는 앞서 설명한 모든 마법지도를 하나로 통합하여 하나의 '찻잎 풍미 마법지도'를 구축하였다. 이를 통해 각 차의 색향미와 제다 과정의 관계를 한층 더 분명하게 알 수 있다.

찻잎 풍미 마법지도

차 유형	쓰고 떫은 느낌	방초향과 녹색 계열 향	감귤 계열 향과 꽃 계열 향	진한 꽃 향과 과일 계열 향	홍배향(烘焙香)

녹차

포종차

고산오룡차

동정오룡차

철관음차

동방미인차

홍오룡차

홍차

사용 팁 : 맛의 변화는 주로 카테킨의 산화 정도와 액포막의 완정성에 의해 결정된다. 향의 다양한 조성은 카테킨의 산화·환원 작용, 세포가 역경을 받을 때의 활력, 세포벽 파괴의 강도, 그리고 홍배 과정에서의 변환과 승화에서 비롯된다. 전체적인 향은 이러한 다양한 향 조성의 중첩으로 이루어진다. 예를 들어, 같은 차청으로 고산오룡차와 홍차를 만들 경우, 고산오룡은 대체로 중간 정도의 쓰고 떫은 느낌을 가지며, 꽃 향을 주조로 하면서도 약간의 방초향과 약간 익은 꽃 느낌 혹은 과일 계열의 향을 함께 지니기 때문에 복숭아 맛, 배 맛, 장미 느낌, 재스민 느낌 등으로 표현되기도 한다. 그러나 최종적으로 어떤 향이 나타날지는 생성된 다양한 향의 조합 비율과 이를 느끼는 사람의 후각 경험에 따라 결정된다. 또 녹차의 제조 과정에서는 통상 세포가 역경 자극을 거의 받지 않고, 글리코시다아제의 작용도 별로 받지 않기 때문에 당연히 꽃 계열의 향과 과일 계열의 향이 생성되지 않아야 한다. 만약 이러한 향이 나타난다면 그것은 제조 과정이 이미 전통적인 녹차 제조법에서 벗어난 것임을 나타낸다.

6.8 찻잎의 풍미 마법지도를 응용하여 자신만의 차 풍미 휠 만들기

'찻잎 풍미 마법지도'는 차의 색향미를 파악하는 하나의 개념을 제공한다. 우리는 이러한 맥락을 통해 차의 풍미가 변해가는 메커니즘을 단계적으로 이해할 수 있으며, 또 차의 향기 지도를 따라가면서 풍미에 영향을 미치는 다양한 '마법'을 하나하나(남김없이) 중첩시킬 수 있는데, 차의 제다 공정을 풍미가 쌓이는 기초로 삼는다. 여기에 다양한 종류의 향이 중첩되어 형성되는 감각적 체험을 더하고, 각자의 감각적 경험에서 비롯된 향 표현 어휘를 적용한다면, 각자에게 고유한 휠 모양의 차 풍미 지도를 더욱 정교하게 만들어낼 수 있다.

차 속에 존재할 수 있는 향의 형태는 매우 다양하며, 또 이러한 향의 느낌은 개인의 경험과 체험에 따라 다소 차이가 날 수 있다. 여기에 차의 기본 조성이 더해지면, 향을 정확하게 표현하기는 더욱 어려워진다. 향의 의사소통 효과를 높이기 위해, 우리는 부분발효차를 평가할 때 주목하는 단점인 '차청 맛[菁味]'을 향 감각을 구분하는 핵심 지표로 삼았다. 이 녹색 계열(green note)인 향의 상대 강도를 기준으로 하고, 서로 다른 조성 별로 영역을 구분하고 이를 통합하여 차 향 어휘의 참고도를 구성하였다. 이 휠 모양 풍미 지도에서는 조성이 녹색 계열에 가까운 향을 1시 향기에 배치하며, 동일 조성 내에서도 같은 논리에 따라 배열하여, 풍미 어휘와 차청 맛의 강약을 동시에 나타낼 수 있는 차 풍미 휠을 구축하였다.

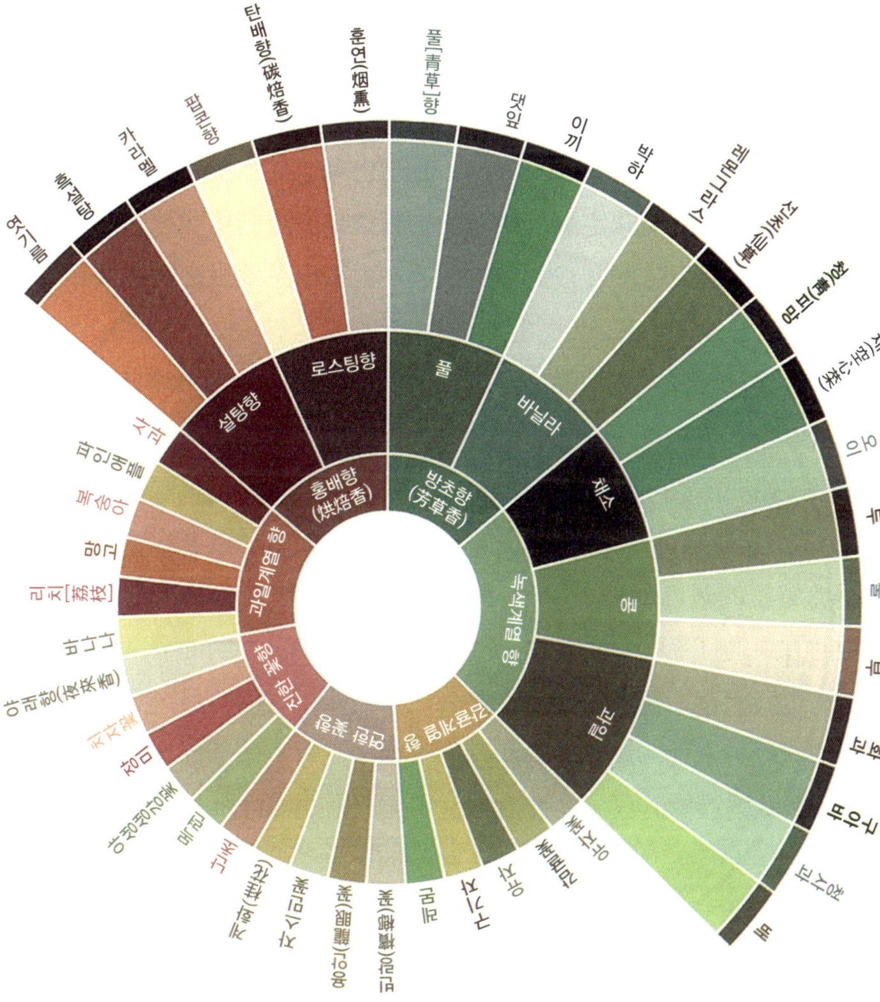

홍배향(烘焙香)
방초향(芳草香)
녹색계열 향
감귤계열 향
연한 꽃향
진한 꽃향
과일계열 향

로스팅향
설탕향
풀
바닐라
채소
콩
과일

엿기름
흑설탕
카라멜
팝콘향
탄배향(碳焙香)
훈연(烟熏)
풀[青草]향
댓잎
이끼
박하
레몬그라스
신초(新草)
청(靑)피망
공심채(空心菜)
어린 오이
녹두
콩나물
두부
무화과
구아바
청사과
배
아카시아꽃
감람(橄欖)
유자
구기자
레몬
빈랑(檳榔)꽃
용안(龍眼)꽃
자스민꽃
계화(桂花)
난초
매화
야생생강꽃
장미
치자꽃
야래향(夜來香)
바나나
리치[荔枝]
망고
복숭아
파인애플
사과

비록 각자가 동일한 향기 분자에 대해 느끼는 감각과 상상은 다를 수 있을지라도 그 큰 범주의 감각은 대체로 일치하기 때문에 우리가 서로 다른 차 종류를 품평할 때 차의 제조 과정과 역경 정도를 이해함으로써 차가 가져야 할 향의 조성을 추정하고, 제다 과정에서 생긴 향을 조합할 수 있을 뿐만 아니라, 동시에 자신이 익숙한 감각적 향 어휘를 적용하면 차가 지녀야 할 모습을 보다 쉽게 상상할 수 있다. 마찬가지로, 차 향의 층위를 감각함으로써 먼저 다양한 주조 향을 설정하고, 또 주조 향 위에서 우리가 익숙한 중첩 향을 찾아낸 연후에 핵심 향과 제다 과정 간의 특수 관계를 응용하면, 그 차의 종류와 상응하는 제다 과정을 추론해낼 수 있다.

그러므로 향의 중첩과 어휘의 느낌을 단계적으로 연습하고, 또 자신이 비교적 쉽게 지각하고 형용할 수 있는 향을 구별해냄으로써 우리는 이러한 향을 차의 제다 공정 마법과 더욱 양호하게 연결하고 활용할 수 있으며, 전통적으로 감각기관 품평용 형용사 어휘에 의존해 학습하는 방식에서 벗어나 향을 해체하는 방식으로 바꾸어 다양한 차를 인식할 수 있게 된다. 우리는 또 시음 과정에서 제다 과정에 기반한 향의 감각 연상을 하나하나 추가하여, 자신만의 차 풍미 휠을 풍부하게 한다. 이러한 방식으로 향과 풍미를 탐구하면 서로 다른 차를 더욱 명확하게 분류할 수 있으며, 나중에 차를 음미할 때 차의 특징을 잘 이해할 수 있다. 또 제다 과정의 경로와 향의 감각을 다양한 관점에서 설명할 수 있으므로, 우리가 차에 대한 대화를 나눌 때 훨씬 명확하고 일관된 소통의 기반도 마련할 수 있다.

풍미 감각 기록
자기만의 풍미 지도 만들기

예를 들어 우리가 포종차의 제다 과정을 이해할 때, 그 차가 받는 제다 과정 중의 역경은 중·저 등급의 상태에 속하며, 액포막의 파괴 정도가 비교적 낮고, 카테킨의 누출도 비교적 적다. 그 결과 카테킨의 산화·환원 작용에 의해 촉진되는 향은 산화 초기의 상태에 비교적 가깝고, 필연적으로 약간의 녹색 계열 향 성분이 존재할 수 있다. 또 포종차의 제다 과정에는 장시간의 정치 과정이 있기 때문에 찻잎이 일정한 활력을 유지한 상태로 계속해서 역경의 유도를 받아 대응하는 향기를 생성할 수 있다. 따라서 이러한 역경 때문에 생성된 향이 포종차의 대표적인 특징이 된다.

그러나 각 포종차가 받는 역경은 차청의 원시 상태와 제다사의 솜씨에 따라 다소 차이가 있기 때문에 각 차마다 모두 풋풀 향과 꽃 향의 비율이 서로 다른 결과를 초래할 수 있다. 이렇게 역경을 조절함으로써 파생되는 향기가 곧 서로 다른 포종차 사이의 품질과 특징의 차이를 만들어낸다. 비록 포종차는 초청 이후의 유념 공정에서도 다량의 세포벽 파괴가 일어날 수 있지만, 유념 후 즉시 건조 공정을 진행하기 때문에 글리코사이드 가수분해에 의해 유도되는 향이 발생할 가능성은 크게 낮아진다. 때문에 그러한 향들이 곧 포종차의 핵심적인 특징이 될 수는 없다.

위의 분석을 통해 우리는 포종차의 향형이 당연히 화향(花香)을 위주로 한 조성을 띠고 있음을 알 수 있다. 그러나 구체적인 향은 찻잎이 받은 역경의 정도에 따라 달라질 수 있다. 녹색 계열의 향이 많을 때, 우리가 맡는 꽃 향은 풋풋한 향이 더해져 겹쳐지게 된다. 그래서 녹색 과일 껍질의 향처럼 느껴질 수도 있고, 또는 막 피어나려는 작은 하얀 꽃의 향으로 느껴질 수도 있다. 반면 이러한 화향의 정도가 높아진 이후에는 어쩌면 향기는 계화(桂花)나 자스민을 위주로 하는 조성으로 느낄 수 있지만, 그 배경에는 여전히 풋풀 향이 남아 있다. 이러한 향들은 결합되어 상쾌한 느낌을 띤 오렌지꽃 향, 혹은 덜 익은 구아바나 빈랑 향이 된다. 역경의 정도가 더 커질수록 꽃 향은 더욱 강해지는데, 점차 녹색 계열의 향을 누를 때에는 곧바로 한층 더 풍부하고 짙은 꽃 향 느낌으로 완전하게 드러난다.

반면, 포종차의 차탕 색과 맛은 상대적으로 매우 쉽다. 우리가 포종차의 액포막이 심하게 손상되지 않았다는 것을 알고 있기 때문에, 카테킨이 상대적으로 여전히 많이 남아 있을 수 있다. 이로 인해 차탕의 색은 비교적 녹색에 가깝다. 그러나 또한 일부 카테킨이 전환되기 때문에 황오렌지빛을 띤 이합체들이 결합될 수 있다. 카테킨의 산화 상태를 파악하면 포종차의 차탕은 응당 황록색이 위주여야 하지만, 내용물 배합 성분의 많고 적음 때문에 약간의 편차가 있을 수 있음을 분명히 알 수 있다. 동시에 카테킨의 상태가 이와 같기 때문에, 포종차의 맛은 반드시 비교적 낮은 산화 정도에 따라 적당히 쓰고 떫은 미감을 갖는다.

우리는 차의 마법 향 개념을 이용하여 다양한 유형의 차를 분석할 수 있으며, 서로 다른 조성에 대응하는 향기 어휘를 사용하여 더 진일보한 향을 묘사할 수 있다. 마지막으로 각기 다른 마법이 가져다주는 향기를 겹쳐 쌓으면 바로 자신만의 인지에 속하는 찻잎 풍미의 휠을 만들어낼 수 있다. 찻잎 풍미에 대한 우리들의 감각과 인지가 점차 익숙해진 이후에는 곧 다양한 차향을 더 완벽하게 표현할 수 있고, 결국에는 다른 사람과 소통할 수 있는 풍미 묘사를 매우 훌륭하게 진술할 수 있다.

7. 찻잎 향기 마법의 또 다른 깨달음

차의 향기 변화는 한 장의 잎이 채엽된 후 어떤 제조 순서를 거쳤든 결국 건조되는 순간에 멈추지만, 노차(老茶)의 변화는 건조 이후에 추가적으로 일어나는 파생 과정이다. 한 장의 찻잎이 채엽되고 건조되기까지의 과정은 차 향기 변화가 일어나는 시간의 장단을 결정한다. 우리는 비록 다양한 과학을 통해 이를 설명할 수 있지만, 대자연의 가르침을 초월하는 것은 여전히 어렵다. 한 편의 차가 만들어지는 과정을 알아보면 이는 마치 식물이 성장하고 노화하는 과정을 보는 것과 같다. 그리고 그 향기의 변화는 바로 식물 잎의 성장, 꽃의 개화, 열매의 성숙을 거치는 진전과 같은데, 다만 이 진전의 과정이 짧은 제조 과정 안에 압축되었을 뿐이다.

제다 과정이 짧을수록 이는 마치 식물이 봄철 성장 초기 단계에 있는 것과 같아 생기와 활력이 넘치는 향기를 발산한다. 제다 과정이 점차 길어지고 세포가 더 많이 손상·노화될수록 차의 향기는 여름철 꽃이 피고 열매가 맺히는 시기의 향으로 나아간다. 더 나아가 제다 강도가 점차 강해지면 찻잎의 향기 또한 변화 과정의 연장에 따라 풋풋한 열매에서 점차 각양각색의 성숙한 열매로 전화하고, 나아가 완전히 익은 열매가 된다. 찻잎을 더 보관하면 향기는 마치 가을에 말라가는 꽃과 열매 혹은 겨울에 낙엽이 떨어진 후의 성숙한 나무 느낌으로 변화한다. 누구든 대자연의 가르침을 세심히 관찰하고, 식물의 성장 변화와 향기의 변화를 주기적으로 살피며, 아울러 제다가 식물의 성장 변화와 같다는 개념을 이해한다면, 어쩌면 찻잎 향기의 변화를 더 깊이 이해할 수 있을 것이다. 또 찻잎 향기를 세심히 음미하면서, 대자연이 식물에 부여한 조화를 동시에 느낄 수 있을 것이다. 차를 사랑하는 모든 이들이 차를 음미함으로써 자연을 깨닫고 자연을 이해함으로써 차를 깨달을 수 있기를 빈다.

참고 문헌

1. Aroma release during wine consumption: Factors and analytical approaches. 10.1016/j.foodchem.2020.128957
2. Association between chemistry and taste of tea: A review. 10.1016/ j.tifs.2020.05.015
3. Attractive but Toxic: Emerging Roles of Glycosidically Bound Volatiles and Glycosyltransferases Involved in Their Formation. 10.1016/j.molp.2018.09.001
4. Chinese oolong tea: An aromatic beverage produced under multiple stresses. 10.1016/j.tifs.2020.10.001
5. Discrimination of teas with different degrees of fermentation by SPME-GC analysis of the characteristic volatile flavour compounds. 10.1016/j.foodchem.2007.12.054
6. Enzymatic Oxidation of Tea Catechins and Its Mechanism. 10.3390/ molecules27030942
7. Flavor of tea (Camellia sinensis):A review on odorants and analytical techniques. 10.1111/1541-4337.12999
8. Herbivore species, infestation time, and herbivore density affect induced volatiles in tea plants. 10.1007/s00049-013-0141-2
9. Herbivore-induced DMNT catalyzed by CYP82D47 plays an important role in the induction of JA-dependent herbivore resistance of neighboring tea plants. 10.1111/ pce.13861
10. Impact of Oral Microbiota on Flavor Perception: From Food Processing to In-Mouth Metabolization. 10.3390/foods10092006
11. Phytochemical profile of differently processed tea: A review. 10.11 11/17 50-3841.16137

12. Polyphenol oxidase dominates the conversions of flavonol glycosides in tea leaves. 10.1016/j.foodchem.2020.128088
13. Pre-and post-harvest exposure to stress influence quality-related metabolites in fresh tea leaves (Camellia sinensis).10.1016/ j.scienta.2021.109984
14. Quality Characteristics of Oolong Tea Products in Different Regions and the Contribution of Thirteen Phytochemical Components to Its Taste. 10.3390/ horticulturae8040278
15. Recent studies of the volatile compounds in tea. 10.1016/ j.foodres.2013.02.011
16. Relationship between the Grade and the Characteristic Flavor of PCT (Panyong Congou Black Tea).10.3390/foods11182815
17. Taste receptor signalling -from tongues to lungs. 10.1111/j.1748 1716.2011.02308.x
18. The role of volatiles in plant communication. 10.1111/tpj.14496
19. Understanding the biosyntheses and stress response mechanisms of aroma compounds in tea (Camellia sinensis) to safely and effectively improve tea aroma. 10.1080/10408398.2018.1506907
20. Unraveling the Glucosylation of Astringency Compounds of Horse Chestnut via Integrative Sensory Evaluation, Flavonoid Metabolism, Differential Transcriptome, and Phylogenetic Analysis. 10.3389/ fpls.2021.830343
21. α-Farnesene and ocimene induce metabolite changes by volatile signaling in neighboring tea (Camellia sinensis)plants. 10.1016/ j.plantsci.2017.08.005

역자 후기

번역을 가까스로 마무리하고 창밖으로 흩날리는 하얀 눈을 바라보니 『찻잎의 천변만화 변신마법』과 처음 인연을 맺었던 지난 초여름이 떠오릅니다. 올해 5월 26일에 저의 은사님이신 조기정 교수님께서 보성차문화연구회 회원들과 장평수선 제다 체험차 하동의 한밭제다에 가셨는데, 체험교육관의 이덕주 관장님이 번역기를 돌려가며 이 책을 공부하는 것을 보셨답니다. 교수님께서는 얇은 한 권의 책 속에 차의 본질을 꿰뚫는 내용이 담겨 있다고 감탄하시고, 저에게 "우리가 이 책을 번역해서 많은 독자가 볼 수 있게 하자."고 제안하셨습니다.

교수님의 제안에 저는 설렘과 동시에 걱정이 앞섰습니다. 교수님과 함께 좋은 책을 번역하게 되어 기뻤지만, 당장 우리 앞에 놓인 첫 번째 관문은 언어가 아닌 판권 문제였기 때문입니다. 저자와 도서출판 이른아침의 계약 체결 과정은 꽤 힘들었습니다. 저자는 자신의 작품에 대해 남다른 애정과 엄격함을 지닌 분이셨습니다. 번역의 수준과 출판에 관한 세부적인 상황은 물론이고, 이 책을 대하는 저희들의 자세를 확인하기 위해 저자는 아주 꼼꼼하게 검증 과정을 거치셨습니다. 하지만 돌이켜보면 글에 대한 저자의 그런 진지함 때문에 이토록 완성도 높은 저서가 탄생할 수 있었다고 생각합니다.

7월부터 본격적인 번역 작업에 착수했습니다. 저자는 저희에게 '번역부터 출판까지 6개월 안에 완료한다'라는 목표를 제시했습니다. 그래서 지난 6개월은 시간과의 싸움이자 바다 건너 차 문화와의 대화였습니다. 제가 초벌 번역을 맡고, 조기정 교수님께서 꼼꼼하게 문장을 다듬고 감수하시는 방식으로 진행되었습니다. 80여 쪽에 불과한 얇은 이 책은 정제된 글과 풍부한 삽화로 구성되어 있습니다. 하지만 '잎에서 차가 되기까지'의 미묘한 논리를 정확하게 전달하기 위해서 전문용어 하나부터 공정 묘사 한 줄까지 교수님과 수없이 머리를 맞대고 고민에 고민을 거듭했습니다.

이 책을 번역하는 과정을 통해 저는 "무대 위의 1분은 무대 뒤의 10년 공력[台上一分鐘, 台下十年功]"이라는 말을 실감했습니다. 책은 얇아도 그 속에 담긴 차에 대한 지식은 두터웠고, 문장은 이해하기 쉬웠지만 그 이면의 제다 원리는 깊었습니다. 이 자리를 빌려 조기정 교수님께 특별한 감사의 말씀을 올립니다. 좋은 책을 알아보신 안목과 번역 과정 내내 보여주신 세심한 가르침 덕분에 부족한 제 번역이 빛을 볼 수 있었습니다.

저자께도 깊은 감사를 드립니다. 저희를 믿고 맡겨주신 엄격함과 신뢰 덕분에 '차의 마법'을 더 많은 독자에게 전할 수 있게 되었습니다. 아울러 도서출판 이른아침의 김환기 대표님이 보여주신 차에 대한 사랑과 출판에 대한 열정에도 무한한 감사를 드립니다. 차에 대한 사랑과 출판에 대한 열정이 있었기에 그 힘들었던 저자와의 계약 체결도 가능했습니다.

이제 지난한 노력의 결과물이 독자 여러분의 손에 들려 있습니다. 이 책의 어느 문장 한 줄과 어느 삽화 하나로 인해 여러분이 차를 더욱 깊이 이해하고 사랑하는 계기가 된다면 역자로서 그보다 더 큰 기쁨은 없을 것입니다. 차향과 문자향이 여러분 곁에 오래 머물기를 바랍니다.

2025년 12월

공역자 둥팡후이 삼가 씀

찻잎의 천변만화 변신마법

초판 1쇄 인쇄 2026년 1월 20일
초판 1쇄 발행 2026년 1월 30일

지은이 천보안(陳柏安)
그린이 린슈옌(林書妍)·시에진안(謝瑾安)
옮긴이 조기정(趙紀貞)·둥팡후이(董坊慧)

펴낸이 김환기
펴낸곳 도서출판 이른아침
주 소 경기도 고양시 덕양구 삼원로 63 고양아크비즈 927호
전 화 031-908-7995
팩 스 070-4758-0887
등 록 2003년 9월 30일 제313-2003-00324호
이메일 booksorie@naver.com

ISBN 978-89-6745-168-4 (03810)